心一堂術數古籍珍本叢刊

書名：批注地理合壁附玄空真訣（一）
系列：心一堂術數古籍珍本叢刊　堪輿類　第三輯　334
作者：【清】于楷、章仲山、溫明遠原輯撰；【民國】朱紫君輯校；【民國】霜湘批注
主編、責任編輯：陳劍聰
心一堂術數古籍珍本叢刊編校小組：陳劍聰　素聞　鄒偉才　虛白盧主　丁鑫華

出版：心一堂有限公司
通訊地址：香港九龍旺角彌敦道六一〇號荷李活商業中心十八樓〇五—〇六室
深港讀者服務中心‧中國深圳市羅湖區立新路六號羅湖商業大廈負一層〇〇八室
電話號碼：(852)9027-7110
網址：publish.sunyata.cc
電郵：sunyatabook@gmail.com
網店：http://book.sunyata.cc
淘寶店地址：https://sunyata.taobao.com
微店地址：https://weidian.com/s/1212826297
臉書：https://www.facebook.com/sunyatabook
讀者論壇：http://bbs.sunyata.cc/

版次：二零二一年三月初版
平裝：四冊不分售

定價：港幣　九百八十元正
　　　新台幣　三仟九百八十元正

國際書號：ISBN 978-988-8583-63-8

香港發行：香港聯合書刊物流有限公司
地址：香港新界荃灣德士古道二二〇—二四八號荃灣工業中心十六樓
電話號碼：(852)2150-2100
傳真號碼：(852)2407-3062
電郵：info@suplogistics.com.hk
網址：http://www.suplogistics.com.hk

台灣發行：秀威資訊科技股份有限公司
地址：台灣台北市內湖區瑞光路七十六巷六十五號一樓
電話號碼：+886-2-2796-3638
傳真號碼：+886-2-2796-1377
網絡書店：www.bodbooks.com.tw
台灣秀威書店讀者服務中心：
地址：台灣台北市中山區松江路二〇九號一樓
電話號碼：+886-2-2518-0207
傳真號碼：+886-2-2518-0778
網絡書店：http://www.govbooks.com.tw

中國大陸發行　零售：深圳心一堂文化傳播有限公司
深圳地址：深圳市羅湖區立新路六號羅湖商業大廈負一層〇〇八室
電話號碼：(86)0755-82224934

心一堂微店二維碼

心一堂淘寶店二維碼

心一堂術數古籍 珍本整理 叢刊 總序

術數定義

術數，大概可謂以「推算（推演）、預測人（個人、群體、國家等）、事、物、自然現象、時間、空間方位等規律及氣數，並或通過種種『方術』，從而達致趨吉避凶或某種特定目的」之知識體系和方法。

術數類別

我國術數的內容類別，歷代不盡相同，例如《漢書・藝文志》中載，漢代術數有六類：天文、曆譜、五行、蓍龜、雜占、形法。至清代《四庫全書》，術數類則有：數學、占候、相宅相墓、占卜、命書、相書、陰陽五行、雜技術等，其他如《後漢書・方術部》、《藝文類聚・方術部》、《太平御覽・方術部》等，對於術數的分類，皆有差異。古代多把天文、曆譜、及部分數學均歸入術數類，而民間流行亦視傳統醫學作為術數的一環；此外，有些術數與宗教中的方術亦往往難以分開。現代民間則常將各種術數歸納為五大類別：命、卜、相、醫、山，通稱「五術」。

本叢刊在《四庫全書》的分類基礎上，將術數分為九大類別：占筮、星命、相術、堪輿、選擇、三式、讖諱、理數（陰陽五行）、雜術（其他）。而未收天文、曆譜、算術、宗教方術、醫學。

術數思想與發展——從術到學，乃至合道

我國術數是由上古的占星、卜筮、形法等術發展下來的。其中卜筮之術，是歷經夏商周三代而通過「龜卜、蓍筮」得出卜（筮）辭的一種預測（吉凶成敗）術，之後歸納並結集成書，此即現傳之《易

經》。經過春秋戰國至秦漢之際，受到當時諸子百家的影響、儒家的推崇，遂有《易傳》等的出現，原本是卜筮術書的《易經》，被提升及解讀成有包涵「天地之道（理）」之學。因此，《易・繫辭傳》曰：「易與天地準，故能彌綸天地之道。」

漢代以後，易學中的陰陽學說，與五行、九宮、干支、氣運、災變、律曆、卦氣、讖緯、天人感應說等相結合，形成易學中象數系統。而其他原與《易經》本來沒有關係的術數，如占星、形法、選擇，亦漸漸以易理（象數學說）為依歸。《四庫全書・易類小序》云：「術數之興，多在秦漢以後。要其旨，不出乎陰陽五行，生尅制化。實皆《易》之支派，傳以雜說耳。」至此，術數可謂已由「術」發展成「學」。

及至宋代，術數理論與理學中的河圖洛書、太極圖、邵雍先天之學及皇極經世等學說給合，通過術數以演繹理學中「天地中有一太極，萬物中各有一太極」（《朱子語類》）的思想。術數理論不單已發展至十分成熟，而且也從其學理中衍生一些新的方法或理論，如《梅花易數》、《河洛理數》等。

在傳統上，術數功能往往不止於僅僅作為趨吉避凶的方術，及「能彌綸天地之道」的學問，亦有其「修心養性」的功能，「與道合一」（修道）的內涵。《素問・上古天真論》：「上古之人，其知道者，法於陰陽，和於術數。」數之意義，不單是外在的算數、歷數、氣數，而是與理學中同等的「道」、「理」——心性的功能，北宋理氣家邵雍對此多有發揮：「聖人之心，是亦數也」、「萬化萬事生乎心」、「心為太極」。《觀物外篇》：「先天之學，心法也。……蓋天地萬物之理，盡在其中矣，心一而不分，則能應萬物。」反過來說，宋代的術數理論，受到當時理學、佛道及宋易影響，認為心性本質上是等同天地之太極。天地萬物氣數規律，能通過內觀自心而有所感知，即是內心也已具備有術數的推演及預測、感知能力；相傳是邵雍所創之《梅花易數》，便是在這樣的背景下誕生。

《易・文言傳》已有「積善之家，必有餘慶；積不善之家，必有餘殃」之說，至漢代流行的災變說及讖緯說，我國數千年來都認為天災，異常天象（自然現象），皆與一國或一地的施政者失德有關；下至家族、個人之盛衰，也都與一族一人之德行修養有關。因此，我國術數中除了吉凶盛衰理數之外，人心的德行修養，也是趨吉避凶的一個關鍵因素。

術數與宗教、修道

在這種思想之下，我國術數不單只是附屬於巫術或宗教行為的方術，又往往是一種宗教的修煉手段--通過術數，以知陰陽，乃至合陰陽（道）。「其知道者，法於陰陽，和於術數。」例如，「奇門遁甲」術中，即分為「術奇門」與「法奇門」兩大類。「法奇門」中有大量道教中符籙、手印、存想、內煉的內容，是道教內丹外法的一種重要外法修煉體系。甚至在雷法一系的修煉上，亦大量應用了術數內容。此外，相術、堪輿術中也有修煉望氣（氣的形狀、顏色）的方法；堪輿家除了選擇陰陽宅之吉凶外，也有道教中選擇適合修道環境（法、財、侶、地中的地）的方法，以至通過堪輿術觀察天地山川陰陽之氣，亦成為領悟陰陽金丹大道的一途。

易學體系以外的術數與的少數民族的術數

我國術數中，也有不用或不全用易理作為其理論依據的，如揚雄的《太玄》、司馬光的《潛虛》。也有一些占卜法、雜術不屬於《易經》系統，不過對後世影響較少而已。

外來宗教及少數民族中也有不少雖受漢文化影響（如陰陽、五行、二十八宿等學說。）但仍自成系統的術數，如古代的西夏、突厥、吐魯番等占卜及星占術，藏族中有多種藏傳佛教占卜術、苯教占卜術、擇吉術、推命術、相術等；北方少數民族有薩滿教占卜術；不少少數民族如水族、白族、布朗族、佤族、彝族、苗族等，皆有占雞（卦）草卜、雞蛋卜等術，納西族的占星術、占卜術，彝族畢摩的推命術、占卜術……等等，都是屬於《易經》體系以外的術數。相對上，外國傳入的術數以及其理論，對我國術數影響更大。

曆法、推步術與外來術數的影響

我國的術數與曆法的關係非常緊密。早期的術數中，很多是利用星宿或星宿組合的位置（如某星在某州或某宮某度）付予某種吉凶意義，并據之以推演，例如歲星（木星）、月將（某月太陽所躔之宮次）等。不過，由於不同的古代曆法推步的誤差及歲差的問題，若干年後，其術數所用之星辰的位置，已與真實星辰的位置不一樣了；此如歲星（木星），早期的曆法及術數以十二年為一周期（以應地支），與木星真實周期十一點八六年，每幾十年便錯一宮。後來術家又設一「太歲」的假想星體來解決，是歲星運行的相反，週期亦剛好是十二年。而術數中的神煞，很多即是根據太歲的位置而定。又如六壬術中的「月將」，原是立春節氣後太陽躔娵訾之次而稱作「登明亥將」，至宋代，因歲差的關係，要到雨水節氣後太陽才躔娵訾之次，當時沈括提出了修正，但明清時六壬術中「月將」仍然沿用宋代沈括修正的起法沒有再修正。

由於以真實星象周期的推步術是非常繁複，而且古代星象推步術本身亦有不少誤差，大多數術數除依曆書保留了太陽（節氣）、太陰（月相）的簡單宮次計算外，漸漸形成根據干支、日月等的各自起例，以起出其他具有不同含義的眾多假想星象及神煞系統。唐宋以後，我國絕大部分術數都主要沿用這一系統，也出現了不少完全脫離真實星象的術數，如《子平術》、《紫微斗數》、《鐵版神數》等。後來就連一些利用真實星辰位置的術數，如《七政四餘術》及選擇法中的《天星選擇》，也已與假想星象及神煞混合而使用了。

隨着古代外國曆（推步）、術數的傳入，如唐代傳入的印度曆法及術數，元代傳入的回回曆等，其中我國占星術便吸收了印度占星術中羅睺星、計都星等而形成四餘星，又通過阿拉伯占星術而吸收了其中來自希臘、巴比倫占星術的黃道十二宮、四大（四元素）學說（地、水、火、風），並與我國傳統的二十八宿、五行說、神煞系統並存而形成《七政四餘術》。此外，一些術數中的北斗星名，不用我國傳統的星名：天樞、天璇、天璣、天權、玉衡、開陽、搖光，而是使用來自印度梵文所譯的：貪狼、巨門、祿存、文曲，廉貞、武曲、破軍等，此明顯是受到唐代從印度傳入的曆法及占星術所影響。如星命術中的《紫微斗數》及堪輿術中的《撼龍經》等文獻中，其星皆用印度譯名。及至清初《時憲曆》，置閏之法則改用西法「定氣」。清代以後的術數，又作過不少的調整。

此外，我國相術中的面相術、手相術，唐宋之際受印度相術影響頗大，至民國初年，又通過翻譯歐西、日本的相術書籍而大量吸收歐西相術的內容，形成了現代我國坊間流行的新式相術。

陰陽學——術數在古代、官方管理及外國的影響

術數在古代社會中一直扮演着一個非常重要的角色，影響層面不單只是某一階層、某一職業、某一年齡的人，而是上自帝王，下至普通百姓，從出生到死亡，不論是生活上的小事如洗髮、出行等，大事如建房、入伙、出兵等，從個人、家族以至國家，從天文、氣象、地理到人事、軍事，從民俗、學術到宗教，都離不開術數的應用。我國最晚在唐代開始，已把以上術數之學，稱作陰陽（學），行術數者稱陰陽人。（敦煌文書、斯四三二七唐《師師漫語話》：「以下說陰陽人謾語話」，此說法後來傳入日本，今日本人稱行術數者為「陰陽師」）。一直到了清末，欽天監中負責陰陽術數的官員中，以及民間術數之士，仍名陰陽生。

古代政府的中欽天監（司天監），除了負責天文、曆法、輿地之外，亦精通其他如星占、選擇、堪輿等術數，除在皇室人員及朝庭中應用外，也定期頒行日書、修定術數，使民間對於天文、日曆用事吉凶及使用其他術數時，有所依從。

我國古代政府對官方及民間陰陽學及陰陽官員，從其內容、人員的選拔、培訓、認證、考核、律法監管等，都有制度。至明清兩代，其制度更為完善、嚴格。

宋代官學之中，課程中已有陰陽學及其考試的內容。（宋徽宗崇寧三年〔一一零四年〕崇寧算學令：「諸學生習……並曆算、三式、天文書。」「諸試……三式即射覆及預占三日陰陽風雨。天文即預

定一月或一季分野災祥，並以依經備草合問為通。」

金代司天臺，從民間「草澤人」（即民間習術數人士）考試選拔：「其試之制，以《宣明曆》試推步，及《婚書》、《地理新書》試合婚、安葬，並《易》筮法，六壬課、三命、五星之術。」（《金史》卷五十一・志第三十二・選舉一）

元代為進一步加強官方陰陽學對民間的影響、管理、控制及培育，除沿襲宋代、金代在司天監掌管陰陽學及中央的官學陰陽學課程之外，更在地方上增設陰陽學課程（《元史・選舉志一》：「世祖至元二十八年夏六月始置諸路陰陽學。」）地方上也設陰陽學教授員，培育及管轄地方陰陽人。（《元史・選舉志一》：「（元仁宗）延祐初，令陰陽人依儒醫例，於路、府、州設教授員，凡陰陽人皆管轄之，而上屬於太史焉。」）自此，民間的陰陽術士（陰陽人），被納入官方的管轄之下。

至明清兩代，陰陽學制度更為完善。中央欽天監掌管陰陽學，明代地方縣設陰陽學正術，各州設陰陽學典術，各縣設陰陽學訓術。陰陽人從地方陰陽學肄業或被選拔出來後，再送到欽天監考試。（《大明會典》卷二二三：「凡天下府州縣舉到陰陽人堪任正術等官者，俱從吏部送（欽天監），考中，送回選用；不中者發回原籍為民，原保官吏治罪。」）清代大致沿用明制，凡陰陽術數之流，悉歸中央欽天監及地方陰陽官員管理、培訓、認證。至今尚有「紹興府陰陽印」、「東光縣陰陽學記」等明代銅印，及某某縣某某之清代陰陽執照等傳世。

清代欽天監漏刻科對官員要求甚為嚴格。《大清會典》「國子監」規定：「凡算學之教，設肄業生。滿洲十有二人，蒙古、漢軍各六人，於各旗官學內考取。漢十有二人，於舉人、貢監生童內考取。附學生二十四人，由欽天監選送。教以天文演算法諸書，五年學業有成，舉人引見以欽天監博士用，貢監生童以天文生補用。」學生在官學肄業、貢監生肄業或考得舉人後，經過了五年對天文、算法、陰陽學的學習，其中精通陰陽術數者，會送往漏刻科。而在欽天監供職的官員，《大清會典則例》「欽天監」規定：「本監官生三年考核一次，術業精通者，保題升用。不及者，停其升轉，再加學習。如能黽勉供職，即予開復。仍不及者，降職一等，再令學習三年，能習熟者，准予開復，仍不能者，黜退。」除定期考核以定其升用降職外，《大清律例》中對陰陽術士不準確的推斷（妄言禍福）是要治罪的。《大清律例・一七八・術七・妄言禍福》：「凡陰陽術士，不許於大小文武官員之家妄言禍福，違者杖一百。其依經推算星命卜課，不在禁限。」大小文武官員延請的陰陽術士，自然是以欽天監漏刻科官員或地方陰陽官員為主。

官方陰陽學制度也影響鄰國如朝鮮、日本、越南等地，一直到了民國時期，鄰國仍然沿用着我國的多種術數。而我國的漢族術數，在古代甚至影響遍及西夏、突厥、吐蕃、阿拉伯、印度、東南亞諸國。

術數研究

術數在我國古代社會雖然影響深遠，「是傳統中國理念中的一門科學，從傳統的陰陽、五行、九宮、八卦、河圖、洛書等觀念作大自然的研究。……傳統中國的天文學、數學、煉丹術等，要到上世紀中葉始受世界學者肯定。可是，術數還未受到應得的注意。術數在傳統中國科技史、思想史，文化史、社會史，甚至軍事史都有一定的影響。……更進一步了解術數，我們將更能了解中國歷史的全貌。」（何丙郁《術數、天文與醫學中國科技史的新視野》，香港城市大學中國文化中心。）

可是術數至今一直不受正統學界所重視，加上術家藏秘自珍，又揚言天機不可洩漏，「（術數）乃吾國科學與哲學融貫而成一種學說，數千年來傳衍嬗變，或隱或現，全賴一二有心人為之繼續維繫，賴以不絕，其中確有學術上研究之價值，非徒癡人說夢，荒誕不經之謂也。其所以至今不能在科學中成立一種地位者，實有數因。蓋古代士大夫階級目醫卜星相為九流之學，多恥道之；而發明諸大師又故為惝恍迷離之辭，以待後人探索；間有一二賢者有所發明，亦秘莫如深，既恐洩天地之秘，復恐譏為旁門左道，始終不肯公開研究，成立一有系統說明之書籍，貽之後世。故居今日而欲研究此種學術，實一極困難之事。」（民國徐樂吾《子平真詮評註》，方重審序）

現存的術數古籍，除極少數是唐、宋、元的版本外，絕大多數是明、清兩代的版本。其內容也主要是明、清兩代流行的術數，唐宋或以前的術數及其書籍，大部分均已失傳，只能從史料記載、出土文獻、敦煌遺書中稍窺一鱗半爪。

術數版本

坊間術數古籍版本，大多是晚清書坊之翻刻本及民國書賈之重排本，其中豕亥魚魯，或任意增刪，往往文意全非，以至不能卒讀。現今不論是術數愛好者，還是民俗、史學、社會、文化、版本等學術研究者，要想得一常見術數書籍的善本、原版，已經非常困難，更遑論如稿本、鈔本、孤本等珍稀版本。在文獻不足及缺乏善本的情況下，要想對術數的源流、理法、及其影響，作全面深入的研究，幾不可能。

有見及此，本叢刊編校小組經多年努力及多方協助，在海內外搜羅了二十世紀六十年代以前漢文為主的術數類善本、珍本、鈔本、孤本、稿本、批校本等數百種，精選出其中最佳版本，分別輯入兩個系列：

一、心一堂術數古籍珍本叢刊

二、心一堂術數古籍整理叢刊

前者以最新數碼（數位）技術清理、修復珍本原本的版面，更正明顯的錯訛，部分善本更以原色彩色精印，務求更勝原本。并以每百多種珍本、一百二十冊為一輯，分輯出版，以饗讀者。

後者延請、稿約有關專家、學者，以善本、珍本等作底本，參以其他版本，古籍進行審定、校勘、注釋，務求打造一最善版本，方便現代人閱讀、理解、研究等之用。

限於編校小組的水平，版本選擇及考證、文字修正、提要內容等方面，恐有疏漏及舛誤之處，懇請方家不吝指正。

心一堂術數古籍 珍本／整理 叢刊編校小組

二零零九年七月序

二零一四年九月第三次修訂

共計捌冊

地理辨正卷一至卷四止

青囊經補註

地理辨正錄要合璧

直續解悉遵原刊

露湘

己巳春朱壽朋題

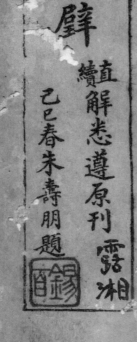

地理合璧題詞

聖賢大道此為首端救濟良榮修齊偉觀

兩間造化二氣旋盤潛心研究秘法聿完

此道通曉物阜民安邦家之光美哉斯刊

戊辰冬至紫客撰句 朱壽朋書

地理合璧緣起

夫易著陰陽書傳洪範鑰乾坤之祕闡象數之微於是八卦九宮無極太極精邃理學由此權輿是則堪輿一道雖屬形家一流實有合於聖人之道而無逸出數理之外者也中庸曰天命之謂性率性之謂道修道之謂教道也者不可須臾離也可離非道大學亦著明修身齊家治國平天下之要道而其精一危微之旨無不與堪輿之學符合胚胎肇造豈不信而有徵哉余於弱冠時識朱瑞芳於邑廟西房瑞芳好

王奇星相堪輿之學時相顧從偕游四郊所談者無非五行生尅陰陽變化之要當時意謂類似江湖之技初不甚重亦不非其所學惟余家祖墓皆經瑞芳指點遷改余生不逢辰頻經兵燹祖業蕩然幾難度日自祖墓修改後方能自食其力積筆墨餘資走京師備員待詔未幾遜位余年踰大衍遂不復出爾時感觸憂患繼以貧病自審年將就木與世無爭矣孰知祖墓畫入新租界勒逼遷讓切身關係不得不起而力爭外人幾將馴伏無如漢奸衆多獻媚勾串欺

騙威脅無所不用其極或謂子存墓可保奈春秋已高何與其日後難免不如擇善而從或謂余自修改祖墓後漸入佳境逮蘭路一築坎坷立見旁觀者清見到名言頓開茅塞於是改計覓地遷讓蓋地理形局余雖略有所知至於三元九氣顛倒生旺迎候之法則茫然莫解歷聘時師大都俗術其時瑞芳已歿有門下士卅年老友性祕執迷自衒其術幾爲所誤嗟乎求人不易有如是哉四顧彷徨心焉忐忑舍求書無他法奈坊間重時務屢詢莫應乃俯就於攤舖

五六年間得書二十餘種僞法居多空言不少及得
地理辨正溫氏續解又參以地理錄要字字珠璣言
多中肯間有難以解明之際遠游蘇杭謁岳陵登天
平轉虞山涉本邑之金鈎釣穴皆名墓也以實地徵
書理始悟堪輿一道實根本於河圖洛書又如太王
遷豳相其陰陽觀其流泉聖賢大道此爲首端自秦
火失傳至管郭楊曾復有著述一行禪師恐施及蠻
貊故作滅蠻經以誤之中國僞法之多實由於此詎
知一行欲誤外國今觀泰東西各國新建築無不悉

蘭林手楷端士氏序
閱五卷二頁地理録
要手序

合堪輿古道而我中國新人物反以聖賢正道一概指爲迷信誠所謂白誤誤人拾人唾餘奉爲至寶不加辨別能不羞乎可不悲哉余嘗一再考求宋儒程朱各家雖乏專集然在性理書中不少卓見元明則無聞焉降及鄉先儒蔣大鴻以天挺之姿應時糾正絕學濟世積四十年學問闡發精微作地理辨正字斟句酌玄妙簡賅特恐閱者不易明瞭又益之以天元五歌並天元餘義歸厚錄等殫竭智能蔚然成濟世良具嗣有章仲山著直解溫明遠申續解于蘭林

廣蒐輯成地理錄要之三子者一脉相承參加輔佐
反覆發揮暢爲宣布使千古正道復顯於世不爲僞
法混淆誠大有功於有感皆應之孝子順孫矣管子
曰道也者小取焉則小得福大取焉則大得福余於
道實未深得然自辛酉年祖墓再遷後積年絕症日
漸輕減今古稀有三病勢十去八九謂非小得而何
爰將獲益之地理辨正溫氏續解地理錄要二書合
璧排印方免顧此失彼俾廣流傳焉願當世憂時
君子取而法之世變亟矣浩刼開矣救世良策未必

不在乎此世多孝子順孫卽有盜賊亦必潛移默化君子道長小人道消大易之說不余欺也爰作題詞冠諸卷首時著雍執徐歲冬至日丙申上海朱之翰紫君氏謹述

地理合璧卷首

華亭縣志列傳

蔣平階字大鴻居張澤爾揚猶子嘉善籍諸生崇禎間在幾社有聲乙酉亡去赴閩唐王授兵部司務晉御史劾鄭芝龍跋扈人咸壯之閩破服黃冠亡命假青烏術游齊魯轉徙吳越樂會稽山水遂止焉卒遺命葬若耶之樵風涇平階少從陳子龍游詩文詳贍典麗凡天文地理陰陽歷數諸書洞究無遺尤諳兵法時遇權閹未

展所學晚益精堪輿康熙間有欲以博學鴻詞薦者大鴻亟止之好談幾社軼事感慨跌蕩涕淚隨之聞者哀其志焉（參宋府志夏內史集蔣氏族譜）

藝文

地理辨正注　水龍經五卷　八極神樞注一卷　歸厚錄　玉函眞義五篇（又名天元歌並宋府志案醒心篇一卷在內）　古鏡歌　東林始末一卷（四庫全書存目並宋府志）

蔣平階著　之翰案醒心篇卽天元餘義八極神樞或卽選擇用之烏兎經

地理辨正原序

蔣平階撰

通三才之道曰儒故天官地理皆學士家窮理之本業而象緯之學正三統測災祥屬有國家者之事獨地理爲養生送死生民日用所急孝子慈孫尤不可以不謹宋儒朱蔡諸賢間有發明見於性理書中者班班可考顧僅能敷陳梗概而未究其精微或者進而求之通都所布管郭諸書雖其言鑿鑿而去之逾遠斯其爲道顯而隱誠所謂間世一出非人不傳者

耶、余少失恃、壯失怙、先大父安溪公、早以形家之書孜孜手授、久而後、知俗學之非也、思窮徑絕、乃得無極子之傳於游方之外、習其所傳又十年、所、於是遠溯黃石青烏、近考青田幕講、彼其言蓋人人殊、而厥旨則一、且覜天下山川土壤、雖大荒內外、亦如一也、其庶乎地學之正宗在是、輙欲舉其說以告學者、又不容顯言、無已則取當世相傳之書、訂其紕繆、而析其是非、使言之者無罪、而聞之者有所懲戒、而不至於亂、辨正之書、所以作也、夫地學之有書、始於黃石、

盛於楊公、而世所惑溺而不可卒解者、則莫甚於玉
尺。故論斷諸書、彙爲一編、其俎豆之與爰書、皆以云
救也、于姜諸子、聞業日久、經史之暇、旁及此編、豈好
事哉、我得此道以釋憾於我親、從我游者、皆有親也、
姜氏習是編而遽梓之、以公世、其又爲天下後世之
有親者、加之意歟、允哉、儒者之用心也已、

辨僞原文

僕弱冠失恃先大父安溪公命習地理之學求之十年而始得其傳乃以所傳徧證之大江南北古今名墓又十年而始會其旨從此益精求之又十年而始窮其變而我年則已老矣姚水親隴告成生平學地之志已畢自此不復措意夫豈不欲傳不其人然天律有禁不得妄傳苟非忠信廉潔之人未許與聞一二也丹陽張孝廉仲聲丹徒駱孝廉士鵬山陰呂文學相烈會稽姜公子垚武陵胡公子泰徵淄川畢解

元世持昔以文章行業相師因得略聞梗概此諸君子或丹穴鳳雛或靑春鶚薦皆自置甚高不可一世蓋求其道以庇本根非挾其術以爲壟斷故能三緘其口不漏片言庶幾不負僕之講求爾若夫中人以下走四方求衣食者僕初未嘗不憐之然欲冒禁而傳眞道則未敢許也至於僕之得傳有訣無書以此事貴在心傳非可言罄古書充棟半屬僞造故有辨正一書昌言救世後復自言所得作天元五歌然皆莊蒙所謂糟粕必求其精微則亦不在此也此外別

無秘本私爲一家之書，近聞三吳兩浙，都有自稱得僕眞傳以自衒鬻者，亦有自撰僞書，指爲僕之秘本，以瞽惑後學者，天地之大，何所不容，但恐僞託之人，心術鮮正，以不正之術，謀人身家，必誤人之身家，以不正之書，傳之後世，必貽禍於後世，僕不忍不辨，惟有識者察之。

華亭蔣平階大鴻氏敬告

地理合璧　卷首

[illegible]

序

地理之學、理氣、巒頭、二者不可闕一、舍巒頭專言理氣、則易涉渺茫、舍理氣第講巒頭、則難窺奧窔、理氣無形、領悟已深、必驗之巒頭、庶所學有據、巒頭有形、游歷既久、必証以理氣、庶所見皆眞、此理氣與巒頭、相因而成、有氣即有形、有形亦即有氣、內外兼分而體、用、必合者也、予於地書、亦喜披覽、輒見今之理地學者非失理氣、空摩局勢、卒并砂水之不明、即薄巒頭、高語元空、究屬道途之莫辨、或粗有門徑、一知半解即下筆著書洋洋數千言儼若氣形變化或散或止洞見本原而細尋其論說支離穿鑿毫無精義間有一二可錄皆前人之糟粕焉且有工於傳會私爲僞託若深得祕密以求取信於人者其滋惑愈甚而地學亦遂卑不足道嗚呼蔣氏辨正之作非有不得已者乎先哲論理氣固極透闢而金龍之動靜來龍之血脈指點淸晰安見其偏重理氣也蔣氏積二十年之讀書登山始出已見以立言表前賢之微正後學之軌其用意可謂愼矣獨惜傳註精審而於天機

元渺之蘊每每隱而不發發而不盡致使學者苦思力索廢寢忘飱而莫得其眞諦章解姜註亦均奧衍未盡宣洩後又有張子綺石爲之箋疏略而不詳不足增學人之慧悟余老懶自慚荒落太甚靑囊奧語常潛心研究惟積思良多暈眩輒作卽爲釋手偶有所得又未敢自信蓄疑待辨急欲索一解人而無由耳丁酉春仲予友溫君明遠出自著地書示予予讀其書則知其爲發明蔣氏辨正之書而作也細譯再四無義不晰無語不暢凡八卦九宮元空五行流動

變化順逆錯綜顛倒之法一一推闡盡致學者得此開卷了然從天運無形之氣求龍穴砂水之所在後指龍穴砂水之處悟天運無形之眞機消息自通取用自合不致有多岐之歎予於此益服明遠討論之深領會之神親歷之遍訪道之殷而克有此至精且審之論也朱氏序張綺石辨正疏謂

國朝藝術之學超越前代者二家醫則吳江徐洄溪相墓宅則華亭蔣大鴻今予究心醫理近六十年敢自比於洄溪而盡洄溪之能事乎予將對明遠而生

媿焉爾光緒二十三年歲次丁酉三月孟河退叟馬文植培之甫序於錫山南之怡雲室。

地理辨正續解自序

夫地理者理也余留心地理閱二十餘年巒頭諸書靡不畢覽而言龍之貴賤穴之眞僞砂之向背水之蓄泄若僅揣摩書意圖形而不親歷山川心領神會斷不能入其窔奧至理氣一法諸家聚訟實無義理迨雲間蔣大鴻先生辨正之書出始知地理之學理氣較巒頭尤重所謂地之成形其氣則本乎天也是書秘義雖經蔣公辨其正章君解其意仍屬半吞半吐未盡宣泄令讀者至此不啻聾者捫燭悵悵何之

余究心此學若忘飢渴凡同志好學之友無論相識未面莫不過訪然皆似是而非同邑高君述夫張君雲瞻孫君茀棠王君少泉契好最久問道亦殷而雲瞻推算象緯尤精光緒壬午之冬因事至蘇有陸君子雲邂逅於金閶旅邸靜夜無聊一與傾談引爲知已即出秘藏心法註解示之討論辨難爲時匝月稔知元空大卦五行之法的是河洛眞機凡心傳口授諸訣詳註各編其中秘義洞若觀火繩諸推已及人宜出公諸同好乃以天機秘密不敢筆之於書又以

一言立曉而導學者之易致嗜學之士思窮徑絕非故難之也一恐學者得訣太易忽於考究一恐授以死法貽害後學仍蹈玉尺之僞是惟教射志彀一取乎精而學者考究之功不可因已得訣而遽忽之耳然余續解是書法有盡而理無窮亦爲初讀辨正茫無頭緒者而設以故不憚有禁將此心傳口訣逐節發明大暢厥旨爲後學津梁或章解已經洞豁畧而不贅或蔣傳姜註文義深奥詳加闡發敢訾言者諿諄惟求學者了了自是傳心之法可由升堂入室傳

眼之道仍要重勞足跡領署山川變態之移步換形再將形理氣數之體用參合庶幾登山涉水指凶示吉能免目迷五色也否則仍蹈誤人自誤之咎此書諸編讀者輒指爲偏重水法而時俗不知山水分用以山法下求乎水其實形氣並講山法諸要亦寓乎其中無怪世之言龍穴砂水者皆以形體謂之而不知理氣中亦有龍穴砂水存焉其深文祕義盡藏乎斯所以理氣較巒頭爲尤重知其奧者思過半矣蔣傳章解先哲遺範不敢刪易五歌祕旨詞顯易明毋

庸再闡管見續解驥尾附後聊爲學者之暗室明燈
凡我同志好學精斯道者勿哂以妄而匡予不逮也
幸甚
光緒二十三年歲次丁酉春仲之吉錫山溫榮鑣明
遠甫序於頌桂軒之南窻

自敘

大元空五行之法始於晉盛於唐一時著書立說者類足為言理言氣之祖自宋以降其法稍稍失傳於是諸法雜出各持一說以為求食之藉而偽者日益盛眞者日益失矣惟

國初蔣大鴻先生獨得無極眞傳（即無極子和尚）將世俗諸書辨是非定眞偽成地理辨正一書自此書出而天玉青囊之奧錯綜變化之機陰陽動靜之理向之失傳已經六七百年由先生一朝大聲疾呼發聾振聵說掃百

家而道濟一世豈非參天地關盛衰大有功於生民者乎無何一法始出百弊叢生今去先生未久而著書立說者又幾於汗牛而充棟矣彼其說之牽逞胸臆而顯與先生背者無論即或有奉先生之教取先生之書句疏字櫛張皇補苴行且自詡爲功臣爲諍子矣乃究其說之所以然與先生書不啻毫釐千里之謬於戲百年之近已錯亂至此愚恐愈久而愈差也不揣固陋杜撰直解不求字句之工但期學者之易曉耳然終望博雅君子愛我者幸教我以不逮焉

道光元年仲春之朔無心道人識於千墨菴

無錫立早仲山

管輅
郭景純璞
楊筠松
曾求己
劉伯溫青田
慕講和尚

跋

蔣大鴻先生辨正一書闡河洛之奧陰陽消長錯綜變化之機明且暢矣上考管郭楊曾降及青田慕講道同一貫實地學理氣之正宗雖間有隱而未發之詞而天玉靑囊之所以然則又瞭如指掌無何百餘年來讀者猶昧其解是其所是非其所非師師相傳口口相授而辨正之旨反日益晦嗟乎不善讀靑囊天玉寶照諸書而誤會其用者皆楊曾之罪人也不善讀辨正一書而妄謂得傳以自誤而誤人者又蔣

公之罪人也無錫章君仲山獨悟眞詮熟推生尅制化之用吉凶消長之理神明其道于大江南北已三十年爰依辨正引伸其說成直解若干卷自號曰無心道人殆深有得天地造化之所以然而于元空之秘則幾乎洩矣一時交好吳巢松太史單健堂司馬輩皆慫慂付梓以公諸世則是書之出又大有功于地理之學亦猶蔣公辨僞諸篇不憚辭費以捄世之深心也余與訂交已久頃來相遇維揚適貝君簡香陳君陶生柯君遠峯自吳門爲校刋方竣快先得讀

用附數言于後俾當世欲聞斯道者知所取信云時
道光元年辛巳四月既望武進李逝來紹仔甫跋于
邗江寓館

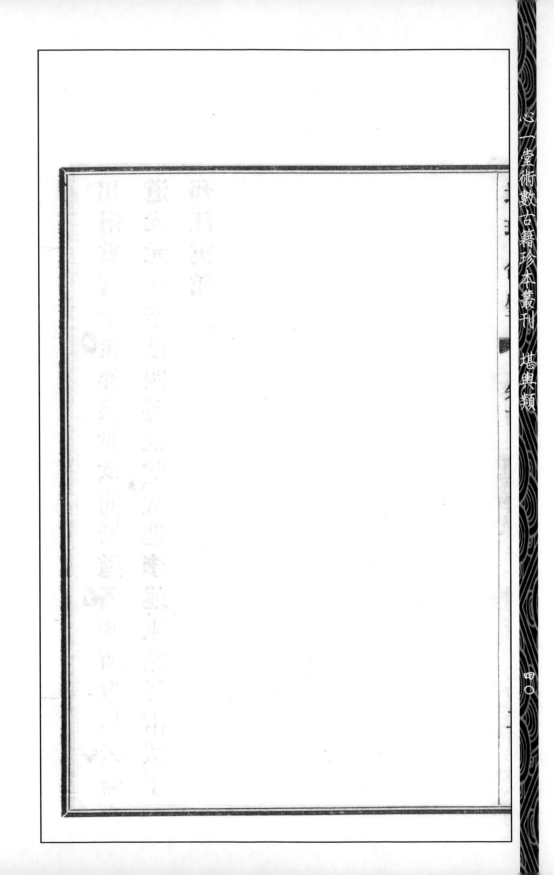

地理合璧辨正直解續解錄要全集目錄

卷之一
青囊經補傳直續解
卷之二
青囊序補注直續解
青囊奧語補注直續解
卷之三
天玉經補傳直續解
卷之四

都天寶照經補傳續直解
卷之五
天元五歌　天元餘義
黃白二氣說　雜摘三條
卷之六
歸厚錄附圖
卷之七
蕉窗問答附條注　平地元言
范氏盤法諸說三條　挨星訣附挨星辨
在乾坤法竅叢書中

卷之八

七政造命法　選擇摘要
造命集要附圖例　選時斗杓
造命歌　渾天寶鑑
附陽宅得一錄

地理合璧辨正卷之一

雲間蔣氏平階補傳　無心道人增補　直解
門人會稽姜垚辨正　錫山溫榮鑣明遠甫續解
上海朱之翰紫君甫校印

青囊經　原本作黃石公授赤松子述義

上卷　古文作堪輿篇郭氏作氣感篇邱氏作理原論今具削之

經曰天尊地卑。陽奇陰耦。一六共宗。二七同道。三八爲朋。四九爲友。五十同途。闔闢奇偶。五兆生成。流行終始。八體宏布。子母分施。天地定位。山澤通氣。雷風相薄。水火不相射。中五立極。臨制四方。背一面九。三七居旁。二八四六。縱橫紀綱。陽以相陰。陰以含陽。陽生於陰。柔生於剛。陰德宏濟。陽德順昌。是故陽本陰。陰育陽。天依形。地附氣。此之謂化始。

傳曰。此篇以無形之氣。爲天地之始。而推原道之所從來也。夫陽氣屬天。而實兆於地。之中。聖人作易。以明天地之道。皆言陰陽之互爲其根者而已。天高而尊。地下而卑。然尊者。有下濟之德。卑者有上行之義。一陰一陽。一奇一耦。其數參伍。所以齊一。其。形。對。待。所。以。往。來。天。地。之。匡。廓。由此而成。四時之代謝。由此而運。萬物之化育。由此而胚。夫此陰陽奇耦之道。隨舉一物。無不有之。天地無心。聖人無意。自然流露。而顯其象於河圖。遂有一六共宗。二七同道。三八爲朋。四九爲友。五十同途之象。聖人因其象。而求其義。以奇者屬陽。而有天一天三天五天七天九之名。以耦者屬陰。而有地二地四地六地八地十之名。而有一必有二。有三必有四。有五必有六。有七必有八。有九必有十。所。謂。參。

伍之數也此一彼二此三彼四此五彼六此七彼八此九彼十所謂對待之形也天數與地數各得其五此謂一成之數而百千萬億無窮之數由此而推也天數地數各得其五合二五而成十蓋有五即有十猶有一即有二陰陽自然之道也故有天之一即有地之六有地之二即有天之七有天之三即有地之八有地之四即有天之九有天之五即有地之十此陰陽之數以參伍而齊一者也易曰五位相得蓋此謂也而一六在下則二七必

在上三八在左四九必在右五居中則十亦居中此陰陽之數對待而往來者也易曰五位相得而各有合蓋謂此也以其參伍而齊一故一奇一耦燦然而不棼以其對待而往來故奇耦之間一闔一闢潛然而自應此生成之所從出也天一生水而地六成之地二生火而天七成之天三生木而地八成之地四生金而天九成之天五生土而地十成之一生一成皆陰陽交媾之妙二氣相交而五行兆焉降於九天之上升於九地之下周流

六。虛。無。有。休。息。始。而。終。終。而。復。始。無。一。息。不。流。行。則。無。一。息。不。交。媾。當。其。無。而。其。體。渾。然。已。成。當。其。有。而。其。體。秩。然。有。象。聖人因河圖之象數而卦體立。焉。夫河圖止有四象。而卦成八體者何也。蓋一畫成爻。爻者交也。太始之氣。止有一陽。○是名太陽。⚊太陽⚊交而成太陰。⚋是曰兩儀。太陰太陽再交。而成少陰。⚍少陽。⚎并太陰。⚏太陽。⚌是曰四象。此河圖之顯象也。四象三爻而成八卦。☰曰乾。☱曰兌。☲曰離。☳曰震。☴曰巽。☵曰坎。☶曰艮。

☷曰坤蓋即河圖每方二數析之則有八此河圖之象隱而顯者也故卦之八由於四象爻之三由於三爻乾坤二卦爲母六卦爲子此八卦之子母也諸卦自爲母三爻爲子此一卦之子母也以此分施造化布滿宇宙之間於是舉陽之乾爲天對以陰之坤爲地謂之天地定位天覆於上則地載於下也此陰陽之一交而成天地者也舉陽之艮爲山對以陰之兌爲澤謂之山澤通氣山載於下則澤受於上也舉陽之震爲雷對以陰之巽爲風

謂之雷風相薄雷發於下則風動於上也舉陽之
坎爲水對以陰之離爲火謂之水火不相射水火
平衡形常相隔而情常相親也此三陰三陽之各
自爲交而生萬物者也先賢以此爲先天之卦伏
義所定本於龍馬負圖而作寔則混沌初分天地
開闢之象也四象虛中而成五位此中五者卽四
象之交氣乾之眞陽坤之眞陰皆無形而惟土有
形此土之下爲黃泉皆坤地積陰之氣此土之上
爲淸虛皆乾天積陽之氣而土膚之際平鋪如掌

乃至陰至陽乾坤交媾之處水火風雷山澤諸凡
天地之化機皆露於此故中五者八卦託體儲精
成形顯用之所也故河圖雒書同此中五以立極
也河圖雖有四象而先天陽升陰降上下初分未
可謂之四方自中五立極而後四極劃然各正其
方矣有四方之正位而四維介於其間於是八方
立焉統中五皇極而爲九分而布之一起正北二
居西南三居正東四居東南五復居中六居西北
七居正西八居東北九居正南謂之九疇此雒出

於維書而實與河圖之數符合天地之理自然發現無不同也布其位曰戴九履一左三右七二四爲肩六八爲足其八方之位適與八方之數均齊聖人卽以八卦隷之而次其序曰坎一坤二震三巽四中五乾六兌七艮八離九此則四正四維不易之定位也數雖起一而用實首震蓋成位之後少陽用事先天主天而後天主日元子繼體代父爲政也易曰帝出乎震齊乎巽相見乎離致役乎坤說言乎兌戰乎乾勞乎坎成言乎艮一二三四

五六七八九者古今之禪代推移周而復始者也震巽離坤兌乾坎艮者日月之出沒四時之氣機運行遷謝循環無端者也先賢以此爲後天之卦昔者大禹治水神龜出雒文王因之作後天之卦豈伏羲畫卦之時未有雒書而大禹演疇之時未有後天卦位耶竊以爲圖書必出於一時而先天後天卦位亦定於一曰伏羲但有卦爻而文王始繫之辭耳河圖雒書非有二數先天後天非有二義也特先天之卦以陰陽之對待者言有彼此而

無方隅後天之卦以陰陽之流行者言則有方隅矣至其作卦之旨要在於陰陽之互根則一也夫易之道貴陽賤陰則陽當爲主而陰當爲輔而此云陽以相陰者何也蓋陽之妙不在於陽而在於陰陰中之陽乃眞陽也故陰爲之感而陽來應之似乎陰反爲君而陽反爲相此經言神明之旨也然陽之所以來應乎陰者以陰中本自有之以類相從故來應耳豈非陰含陽乎陰含陽則能生陽矣一切發生之氣皆陽司之則皆陰出之者也剛

柔卽陰陽。陰陽以氣言。剛柔以質言。易曰。乾剛坤柔。又曰。剛柔相摩。八卦相盪。八卦之中。皆有陰陽。則皆有剛柔。若以陽爲剛。以陰爲柔。則宜乎剛生於柔矣。而乃云柔生於剛者。何也。無形之氣。陽剛而陰柔。有形之質。陰剛而陽柔。於有形之剛質。又生無形之柔氣。質生氣。氣還生質。故曰。柔生於剛也。凡其所以能爲相助。能爲包含。生生不息如是者。則以陰之與陽。蓋自有其德也。惟陰之德。能宏大夫陽。以濟陽之施。故陽之德。能親順夫陰。以昌陰之化此陰陽之妙以氣相感見於河圖雒書先後天之卦象者如是由是則可以知天地之道矣天地之道陽常本於陰而陰常能育陽故天非廓然空虛者爲天也其氣常依於有形而無時不下濟地非塊然不動者爲地也其形常附於元氣而無時不上升然則天之氣常在地中而地之氣皆天之氣陰陽雖曰二氣止一氣耳所以生天生地者此氣所以生萬物者此氣故曰化始也

中卷

古文作天官篇邱氏作天元金書符郭氏作神契篇今削之

經曰、天有五星。地有五行。天分星宿。地列山川。氣行於地。形麗於天。因形察氣。以立人紀。紫微天極。太乙之御。君臨四正。南面而治。天市東宮。少微西掖。太微南垣。旁照四極。四七爲經。五德爲緯。運斡坤輿。垂光乾紀。七政樞機。流通終始。地德上載。天光下臨。陰用陽朝。陽用陰應。陰陽相見。福祿永貞。陰陽相乘。禍咎踵門。天之所臨。地之所盛。形止氣蓄。萬物化生。氣感而應。鬼福及人。是故天有象。地有形。上下相須而成一體。此之謂化機。

傳曰此篇以有形之象。為天地之機。而指示氣之所從受也。上文既明河圖。洛書。先天後天八卦之理。聖人作易之旨。盡於此天地陰陽之道亦盡於此矣。然聖人不自作易。其四象八卦。皆仰法於天。故此篇專指天象以為言。夫易之八卦。取象於地之五行。而地有五行。實因天有五曜。五曜凝精於上。而五行流氣於下。天之星宿。五曜之分光列象者也。地之山川。五行之成形結撰者也。故山川非列宿。而常具列宿之形。觀其形之所呈。即以知其氣之所稟夫有是形御是氣物化自然初未及乎人事而聖人仰觀俯察人紀從此立焉木爲歲星其方爲東其令爲春其德爲仁火爲熒惑其方爲南其令爲夏其德爲禮土爲鎭星其方爲中央其令爲季夏其德爲信金爲太白其方爲西其令爲秋其德爲義水爲辰星其方爲朔其令爲冬其德爲智洪範九疇所謂敬用五事嚮用五福五紀八政皇極庶徵皆自此出故聖人御世宰物一天地之道也備言天體則有七政以司元化日月五星

是也。有四垣以鎭四方。紫微天市太微少微是也。有二十八宿。以分布周天。蒼龍七宿。角亢氐房心尾箕。朱鳥七宿。井鬼柳星張翼軫。白虎七宿。奎婁胃昴畢觜參。玄武七宿。斗牛女虛危室壁是也。四垣卽四象。七政卽陰陽五行之根本。其樞在北斗。而分之四方。爲二十八宿。故房虛昴星應日。心危畢張應月。角斗奎井應歲星。尾室觜翼應熒惑。亢牛婁鬼應太白。箕壁參軫應辰星。氐女胃柳應鎭星。臨制其方。各一七政也。渾天周匝。雖云四方。而已備八卦二十四爻之象矣非經無以立極非緯無以嬗化一經一緯眞陰眞陽之交道也交道維洛而後天之體環周而固於外地之體結束而安於中此元氣之流行自然而成器者也其始無始其終無終包羅六合入於無間雖名陰陽一氣而已人能得此一氣則生者可以善其生而死者可以善其死地理之道蓋人紀之一端此端既立則諸政以次應之故聖人重其事其用在地而必求端於天本其氣之所自來也然氣不可見而形可

見不可見之氣即寓於有可見之形形者氣之所成而即以載氣氣發於天而載之者地氣本屬陽而載之者陰故有陰即有陽地得其所則天氣歸之天地無時不交會陰陽無時不相見相見而得其冲和之正則爲福德之門相見而不得其冲和之正即爲相乘而名禍咎之根禍福殊塗所爭一間艮足畏也且亦知星宿之所以麗於天山川之所以列於地者乎天之氣無往不在而日得天之陽精而恆爲日月得天之陰精而恆爲月五曜得

天五氣之精而恆爲緯至於四垣二十八宿衆星環列又得日月五星之精而恆爲經此則在天之有形者有以載天之氣也地之氣無往不在而山得日月五星之氣而恆爲山川得日月五星之氣而恆爲川此則在地之有形者有以載地之氣也列宿得天之氣而生於天列宿與天爲一體也山川得地之氣而生於地山川與地爲一體也萬物之生於天地何獨不然夫萬物非能自生借天地之氣以生然天地非有意於生萬物萬物自有機

焉適與天地之氣相遇于窅冥恍惚之中夫有所
沾濡焉夫有所綢繆焉夫有所苞孕焉遂使天地
之氣止而不去積之累之與物爲一乃勃然以生
爾地理之道必使我所取之形足以納氣而氣不
我去則形與氣交而爲一必使我所據之地足以
承天而天不我隔則地與天交而爲一夫天地形
氣既合而爲一則所葬之骨亦與天地之氣爲一
而死魄生人氣脈灌輸亦無不一福應之來若機
張審括所謂化機也不然蓄之無門止之無術雖

周天列宿。炳耀中天。而我不蒙其照。雖大地陽和。滂流八表。而我不沾其澤。天爲匡廓。地爲稿壞。骨爲速朽。子孫爲寄生。我未見其獲福也。可不愼哉

可不愼哉。

下卷　古文作叢辰篇

經曰。無極而太極也。理寓於氣。氣囿於形。日月星宿剛氣上騰。山川草木。柔氣下凝。資陽以昌。用陰以成。陽德有象。陰德有位。地有四勢。氣從八方。外氣行形。內氣止生。乘風則散。界水則止。是故順五兆。用八卦

排六甲。布八門。推五運。定六氣。明地德。立人道。因變
化。原終始。此之謂化成。
傳曰。此篇中言形氣雖殊。而其理則一。示人以因
形求氣。爲地理入用之準繩也。易曰。易有太極。是
生兩儀。太極者。所謂象帝之先。先天地生。能生天
地。萬化之祖根也。本無有物。無象無數。無方隅。無
往不在。言太極則無極可知。後賢立說。慮學者以
太極爲有物。故申言以明之曰。無極而太極也。大
而天地。細而萬物。莫不各有太極。物物一太極。一

物全具一天地之理人知太極物物皆具則地理之道思過半矣理寓於氣氣一太極也氣囿於形形一太極也以至日月星辰之剛氣上騰以剛中有太極故能上騰山川草木之柔氣下凝以柔中有太極故能下凝資陽以昌資之以太極也用陰以成用之以太極也太極之所顯露者謂之象而所宣布者謂之位地無四勢以太極乘之而命之爲四勢氣無八方以太極御之而命之爲八方勢與方者其象其氣而命之爲勢爲方者其極極豈

有定耶則勢與方亦豈有定耶四勢之中各自有象則八方之中亦各自有氣然此諸方之氣皆流行之氣因方成形只謂之外氣苟任其流行而無止蓄則從八方而來者還從八方而去千山萬水僅供耳目之翫如傳舍如過客總不足以濬發靈機滋荄元化必有爲之內氣者焉所謂內氣非內所自有即外來流行之氣於此乎止有此一止則八方之行形者皆招攝翕聚乎此是一止而無所不止於此而言太極乃爲眞太極矣無所不止則

陽無所不資陰無所不用而生生不息之道在其中太極生兩儀兩儀生四象四象生八卦萬事萬物胚服乎此前篇所謂形止氣蓄萬物化生蓋謂此也然但言止而不申明所以止之義恐世之審氣者茫然無所措手故舉氣之最大而流行無間者曰風曰水夫風有氣而無形稟乎陽者也水有形而兼有氣稟乎陰者也然風稟乎陽而陽中有陰焉水稟乎陰而陰中有陽焉二者皆行氣之物氣之陽者從風而行氣之陰者從水而行而行陽

氣者反能散陽以陽中有陰也行陰氣者反能止陽以陰中有陽也大塊之間何處無風何處無水風原不能散氣所以噓之使散者病在乎乘水原不能止氣所以吸之使止者妙在乎界苟能明乎乘與界之爲義審氣以定太極之法概可知矣上文反覆推詳皆泛言形氣之理至是乃實指地理之用於是總括其全焉順五兆以五星之正變審象也用八卦以八方之衰旺審位也排六甲以六甲之紀年審運也布八門以八風之開闔審氣也

地理之矩矱盡於此矣推五運以五紀之盈虛審歲也定六氣以六氣之代謝審令也謹歲時以扶地理之橐籥盡於此矣如是則太極不失其正而地德可明然聖人之明地德也非徒邀福而已蓋地之五行得其順則人之生也五德備其全而五常順其性聖賢豪傑接踵而出而禮樂政刑無不就理豈非人道自此立乎然此亦陰陽變化自然之妙雖有智者不能以私意妄作夫亦深知其所以然因之而已夫卜地葬親乃慎終之事而子孫

之世澤皆出其中則人道之所以終即爲人道之所以始然則斯道也者聖人開物成務無有大於此者也謂之化成宜哉

直解上卷推原無形之氣爲萬物生生之始中卷因有形之象推測無形之氣一形一氣萬事萬物不能逃其變化出其範圍此卷兼形兼氣并兼理而言實指地理之用也斯理雖本洛書實則變易不一錯綜無定隨氣運行隨時而在者也苟非師師相授雖窮年皓首斷不能窺其

巔末讀者莫輕視而忽之

溫氏續解

青囊三卷曰化始化機化成乃發河洛三才之秘包括天地陰陽變化之理至微至精第義理淵深非有宿慧者焉能領其意旨而地理之一端有形之質皆陰也無形之氣皆陽也地理寓於氣者氣中有極也氣囿於形者形中有極也其原悉由太極動靜之機陰陽互爲其根形氣相交於極也苟能明乎天地陰陽之變化形氣相交之止蓄立極招攝之八方元運

旺衰之得失，五行生克之制化，歲時占候之趨避，而智者思之，則地理之道無餘藴矣。

地理合璧卷一終

周同纘子緒
王銓濟巨川　校字
沈爾晟景陽

青囊序

青囊奥語

露湘研究

地理辨正錄要合璧

直解悉遵原刊

續露湘

乙巳春朱壽朋題

地理合璧題詞

聖賢大道此為首端救濟良榮修齊偉觀

兩間造化二氣旋盤潛心研究祕法聿完

此道通曉物阜民安邦家之光美哉斯刊

戊辰冬至紫寥撰句　朱壽朋書

地理合璧辨正卷之二

杜陵蔣平階大鴻補注　無心道人增補直解

門人臨安于鴻儀　錫山溫榮鑣明遠甫續解

會稽姜垚較正　上海朱之翰紫君甫較勘

青囊序　唐曾求已公安甫著

楊公養老看雌雄。天下諸書對不同。

雌雄者。陰陽之別名。乃不云陰陽而云雌雄者。言陰陽。則陰自為陰。陽自為陽。疑乎對待之物。互顯其情者也。故善言陰陽者。必言雌雄。觀雌雄。則不必

地理家称地脉曰龍神其意為其變化無常不可以跡求之也

更觀其雄而知必有雄以應之觀雄則不必更觀其雌而知必有雌以配之天地者大雌雄也山川雌雄中之顯象者也地有至陰之氣以招攝天之陽精天之陽氣日下交乎地而無形可見止見其草木百穀春榮秋落蛟龍虫豸升騰蟄藏而已故聖人制婚姻男先乎女亦以陰之所在陽必求之山河大地其可見之形皆陰也實有不可見之陽以應之所謂雌雄者也故地理家不曰地脉而曰龍神言變化無常不可以跡求者也青囊經所謂

陽以求陰陰以含陽者此雌雄也所謂陽本陰陰育陽者此雌雄也所謂陰用陽朝陽用陰應者此雌雄也所謂資陽以昌用陰以成者此雌雄也楊公得青囊之秘洞徹陰陽之理晚年其術益精以此濟世卽以此養生然其中秘密惟有看雌雄之一法此外更無他法夫地理之書汗牛充棟獨此一法不肯筆之於書先賢口口相傳間世一出蓋自管郭以來古今知者不能幾人既非聰明智巧可能推測又豈閎覽博物所得與聞會者一言立

地之有形可見者。如坐山或來龍左右砂頭橫案來去水皆謂之巒頭。如天之無形可見者如氣節覺。即俗乎天氣。即謂之理氣。世俗諸書言巒頭。即論砂水言之極詳。但論理氣。如青囊天玉金照穀論極詳。然世人

曉不知者累牘難明若欲向書卷中求之更河漢矣故曰天下諸書對不同也曾公安親受楊公之秘故其所言深切著明如此彼公安者豈欺我哉

【直解】雌雄者陰陽交媾之情交媾者天地陰陽化生萬物之氣也善言陰陽者必言交媾善言交媾者必言雌雄如舍雌雄交媾而言陰言陽則天不生地不成陰自為陰陽自為陽毫不相涉者也世俗諸書但知有地而不知有天皆因天之氣無形可見地之形有跡可尋耳善看雌

知之者鮮矣
非得明師口傳
心授一言立曉
若在書中研究
去從捉摸也但
理氣秘訣因天
律有禁前賢
著書立說多
作隱謎不肯明
言因此後人誤
解偽言雜出以
假亂真自誤
誤人可不慎乎
虛湘白

雄者以有形可見之地測無形可見之天再以無形可見之天合有形可見之地也夫所見者在地而必求端乎天者何也本其氣之所自來耳地有至陰之氣以招攝天之陽精天之陽氣日下交乎地而無形可見只見草木百穀春榮秋落蛟龍虫豸升騰蟄藏是氣不可見而形可見也以不可見之氣即寓於有可見之形因可見之形即不可見之氣亦可見矣天依形地附氣運行化育于冥冥之中不見而彰不動而變

溫先生此處續解。應宜特別注意。堪輿家要尋龍、穴砂水立向合局之要訣均在此段之中。

注意地理入用之法

無形而成即楊公所謂看雌雄者也。

溫氏續解

雌雄即陰陽陰陽即動靜萬物之動者爲陽靜者爲陰所以水之長流不定者爲陽山之長靜不動者爲陰山之枝脚轉折頓跌起伏即爲靜中有動陰中有陽焉水之長流不定中有瀦蓄凝聚即爲動中有靜陽中有陰焉地理入用之法言其體山龍要求生動水龍要求凝聚言其用天之氣無形測無形之氣要從變易洛書之九氣而中五爲天心立極陰陽交

上元一運。以一入中。順數挨排八方。加以活書中爲次序。紅字數目即運星號。文名天卦。八方定位名二十四山中含八卦即地卦

媾之所運行八卦二十四山消長之氣如上元一運坎龍當旺爲尊居中立極順數坤二到乾六震三到兌七巽四到艮八中五到離九乾六到坎一兌七到坤二艮八到震三離九到巽四依數順行九宮然後用何山向對待交媾於中五看玄空之卦爻排到用何山向應順應逆流行八方將此陰陽交媾無形之氣流行於有形地體山水之上生旺之氣要配在動處衰死之氣配在靜處體用五行均要相生相合爲吉相

克相反爲凶山川之變態不一天氣之流行亦無常以玄空運行無形之氣合變化不測移步換形之地合而觀之無一同者故曰天下諸書對不同也

先看金龍動不動次察血脉認來龍

此以下乃言看雌雄之法也金龍者氣之無形者也龍本非金而云金龍者乃乾陽金氣之所生故曰金龍動則屬陽靜則屬陰氣以動爲生以靜爲死生者可用死者不可用其動大者則大用之其

動小者則小用之此指金龍之消長言也消長既明斯可辨其血脉血脉即金龍之血脈非龍而實龍之所自來所謂雌雄者也觀血脉之所自來即知龍之所自來矣察察其血脉之來自何方也知血脉之來自何方即可認龍之來自何方矣此楊公看雌雄之秘訣而非世人倒杖步量之死格局也

俗註辰戌丑未四金惡煞爲金龍者非

直解 看卽看無形之氣無形之氣化育萬物千

坎一正來為動為旺
坤二將來將動未動為長為生
離九將去少動為衰

變無窮故名之曰金龍動不動者即氣之盈虛消長陰陽往來也察者察也即察無形之氣消與長也知氣之消與長即可認金龍之得與失矣得為動不得即為不動非山行水曲之動不動也

溫氏續解

乾為天屬金天之氣無形故曰金龍動不動者如上元一運坎龍為動坤二為將動未動離九為將去少動艮八為去久不動動者為旺將動為生將去為衰去久為死此即旺

艮八亥不動爲消爲死
右論運星生旺衰死即盈虛消長水從何方入口即氣從何方來也
注意
水龍之立穴定向須認氣從何方而進爲入用之樞耳

生爲陽衰死爲陰盈虛消長陰陽往來測無形天運之氣也血脈者水也水從何方入口即氣從何方來也而水中有氣焉水龍之立穴定向須認氣從何方而進爲入用之樞耳

龍分兩片陰陽取水對三乂細認踪

兩片即雌雄陰在此則陽必在彼兩路相交也三乂即後城門界水合處必有三乂細認踪即察血脉以認來龍也知三乂之在何方則知來龍之屬何脉矣

空一片即天上九星流行之氣。又曰理氣。實一片。即地上有形之質。如砂水等。又曰巒頭。

俗註以兩片爲左旋右旋以三义爲生旺墓非

直解 山一片水一片空一片實一片來一片往一片來有來之用法往有往之用法故云龍分兩片陰陽取也空一片即天一片天運循環元氣流行消長不一往來無定全憑心法趨其將來避其已往來者爲動爲陽往者爲靜爲陰此分空一片之兩片也實一片即地一片地有背面生死起伏行止須憑眼力挨生棄死去背就面面者爲陽爲生背者爲陰爲死此分實一片

天地初開八卦定位
坤二 兌七 乾六
離九 中五 坎一
巽四 震三 艮八
中元五運五入中順數排列運星與此相同五为旺氣六为生氣四为衰氣三為死氣閱前一頁生旺衰死便知

之兩片也三爻即水口細認蹤者細認山上水裡之玄空得與失也知得與失方知察血脉認來龍之法矣

溫氏續解 兩片者乃洛書之九數分爲兩片也順數一二三四爲一片逆數九八七六爲一片天行氣地行形陰陽交媾均以兩片之數入中順逆顚倒之用中五者爲陰陽對待交媾之所入用之法皆在中五一九二八三七四六對待交媾於中五所立山向亦即對待依數順逆

行去八卦二十四山周圍流行於外以象天中五懸處於中內守以象地地之形皆天之氣所結有形之地其氣必本乎天之所自來細認三乂水口即知玄空無形之氣從三乂水口而入故曰龍分兩片水對三乂也

江南龍來江北望江西龍去望江東

此所謂兩片也金龍本在江南而所望之氣脉反在江北金龍本在江西而所望之氣脉反在江東蓋以有形之陰質求無形之陽氣也楊公看雌雄

之法皆從空處爲眞龍故立其名曰大玄空雖云兩片實一片也

俗註江南午丁未坤爲一卦江北子癸丑艮爲一卦共一父母江西申庚酉辛戌乾亥壬爲一卦江東寅甲卯乙辰巽巳丙爲一卦共一父母兩卦之中互相立向者非

直解 江南江北江東江西卽陰陽顚倒顚察血脉認來龍之意上節雖云兩片實一片也金龍之兩片即巳往一片將來一片蓋彼來則此往此往則彼來有來自有往有往自有來極則往往極則來來即往往之始往即來之源何來兩

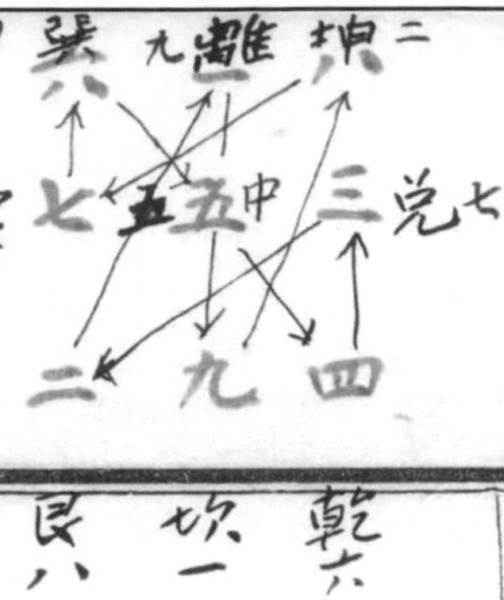

紅字數目為九星玄空流行逆數
黑字八卦定位順數
散佈八方為地 天卦
洛書定位之九數。
如圖黑字數目順數。流佈八方。東震三。西兌七。南離九。北坎一。此等三條定位為地盤。即地卦。指方位用。

片耶。

溫氏續解 江南龍來江北望。江西龍去望江東者。其法即以中五逆數。四至乾六。三至兌七。二至艮八。一至離九。九至坎一。八至坤二。七至震三。六至巽四。而其數逆行顛倒。一至離九。九至坎一。三至兌七。七至震三。豈非九至坎一。即南龍之氣反要在北望也。七至震三。西龍之氣反要在東望也。陰陽顛倒。其實一逆數而已。易曰。數往者順。知來者逆。不以定位之洛書九數玄空流行之九數。如圖紅字數目。逆數。流行八方。

而要用玄空流行之數。故曰大玄空也。

是以聖人卜河洛瀍澗二水交華嵩相其陰陽觀流泉。卜年卜世宅都宮。

此即周公卜洛之事。以證地理之道。惟在察血脈認來龍也。聖人作都。不言華嵩之脈絡而言瀍澗之相交。則知所認之來龍。認之以瀍澗也。又引公劉遷豳。相陰陽觀流泉。以合觀之。見聖人作法千古一揆也。

直解 上文所云察血脈認來龍對三义細認踪

者楊公恐人不信此訣特引聖人之相陰陽觀流泉以證千古一法也

溫氏續解　此自古聖人亦信重斯道遷澗之水使重於華嵩之地脉也地理趨避之道自古有之實慎始慎終之大學也

晉世景純傳此術演經立義出玄空朱雀發源生旺氣一一講說開愚蒙

推原玄空大卦不始於楊公蓋郭景純先得青囊之秘演而立之直追周公制作之精意者也乃其

義不過欲朱雀發源得生旺之氣耳來源既得生旺即是來龍生旺而諸福坐致矣來源若非生旺則來龍亦非生旺而禍不旋踵矣景純當日以此開喻愚蒙其如愚蒙之領會者少也

俗註龍取生旺之氣於穴中水取生旺之氣於穴前又指氣之生旺爲長生帝旺墓庫合三叉者非

直解 上二句推原挨星之法所自來下二句詳言向首一星之妙用

溫氏續解 朱雀發源生旺氣說出大玄空之

法惟以向爲重要向首之一星得時乘旺穴內
旣受生旺之氣再兼玄空挨排到水口三义來
龍之氣生旺可諸福坐致矣蓋向者卽天陽之
氣也

一生二兮二生三三生萬物是玄關山管山兮水管
水此是陰陽不待言

陰陽之妙用始於一有一爻卽有三爻有一卦卽
有三卦故曰一生二二生三此乃天地之玄關萬
物生生之橐籥也又恐人認山水爲一而不知辨

別故言山之玄關自管山而水之玄關自管水不相混雜蓋山有山之陰陽而水有水之陰陽爾通乎此義則世之言龍穴砂水者眞未夢見矣

俗註生旺墓三合爲玄關者非

直解 一極於三三極於九故數始于一而終于九也蓋天所覆地所載萬事萬物不外乎此是謂玄關山管山水管水者山有山之陰陽五行推其順逆生死水有水之陰陽五行推其順逆生死蓋山自爲山水自爲水故云陰陽不待言

甲庚壬丙 地元 爻神
辰戌丑未 子息爻
子午卯酉 天元 中氣
乾坤艮巽 六父母爻
寅申巳亥 人元 爻神
乙辛丁癸 子息爻

也。

溫氏續解 有一卦即有三卦者以二十四山之卦爻分為三卦也子午卯酉與乾坤艮巽為卦之中氣配天元一卦寅申巳亥與乙辛丁癸為卦之爻神配人元一卦丑未辰戌與甲庚壬丙亦為卦之爻神配地元一卦此卦爻配天地人之三卦即上中下三元也玄空流行數之三卦一四七為三元首運之數二五八為三元中運之數三六九為三元末運之數此洛書九數

地上有形可見之體。世之言龍穴砂水者。人人知之。天上無形不能見之氣。亦有龍穴砂水者。非得明師口傳心授秘訣。縱讀下列※※龍穴砂水之解說。亦恐難知。何則。若不知挨星之訣。焉知龍穴砂水之奧乎

配卦爻天地人之三卦亦即上中下三元也卦爻經四位數亦經四位兩相配合為三元九運之作用也經四位而起父母之法發明於天玉首章世之言龍穴砂水者皆以有形可見之體人人知之而不知玄空無形之氣亦有龍穴砂水在焉天運流行變化陰陽豈非龍乎中五立極招攝八方豈非穴乎扶持向首左右乘旺豈非砂乎流動之中以向放水豈非水乎此關一破讀辨正者思過半矣所以世之言龍穴砂水

者。眞未夢見也。誠哉是言耳。察有形之地。而可
勿重天之無形之氣乎。

識得陰陽玄妙理。知其衰旺生與死。不問坐山與來
水。但逢死氣皆無取。

此節暢言地理之要。只在衰旺生死之辨也。衰旺
有運。生死乘時。陰陽玄妙之理。在乎知時而已。坐
山有坐山之氣。運來水有來水之氣運。所謂山管
山。水管水也。二者皆須趨生而避死。從運而去衰。
然欲識得此理。非眞知河洛之秘者不能。豈俗師

所傳龍上五行收山向上五行收水順逆長生之說所能按圖而索驥者乎

直解 此節承上文看金龍分兩片而言也玄妙是陰陽往來之玄妙生死是氣運消長之生死氣運消長之生死蓋以當元者爲旺將來者爲生方去者爲衰去已久者爲死下二句總言上山下水之趨避

溫氏續解 卦爻之陰陽乾坤艮巽爲陽子午卯酉爲陰寅申巳亥爲陽乙辛丁癸爲陰甲庚

壬丙爲陽。辰戌丑未爲陰。此非定位之卦爻。要從玄空流行卦爻之陰陽爲主也。衰旺生死。即天運消長之氣。以洛書九數而論。如上元一白。坎卦當令爲旺。二黑坤卦將來爲生。九紫離卦方去爲衰。八白艮卦去久爲死。生旺之星。要放在動處。衰死之氣。要放在靜處。山主靜。水主動。陰陽即動靜。山水即陰陽也。

先天羅經十二支。後天再用干與維。八干四維輔支位。子母公孫同此推。

羅經二十四路已成之跡。人人所知。何須特舉。此節非言羅經制造之法。蓋將羅經直指雌雄交媾之玄關。以明衰旺生死之作用爾。十二支。乃周天列宿之十二次舍。故曰先天。地道法天。雖有十二宮。而位分八卦。每卦三爻。而十二宮不足以盡地之數。故十干取戊已歸中。以爲皇極。而分布八干爲四正之輔佐。然猶未足卦爻之數。遂以四隅四卦。補成三八。於是卦爲之母。而二十四路爲之子焉。卦爲之公。而二十四路爲之孫焉。識得子母公孫。則雌雄之交媾在此。金龍之血脈在此。龍神之衰旺生死亦盡乎此矣。

俗註子寅辰乾丙乙一龍爲公午申戌坤辛壬二龍爲母卯巳丑艮庚丁三龍爲子酉亥未巽癸甲四龍爲孫非

直解上二句言二十四山不易之定位。下二句分析八干四維十二支之子母公孫。十二支之子母公孫既分。則某爲公。某爲孫。某爲子母。都在于斯。

溫氏續解　此節非說羅經二十四山之定位。

而子母公孫即玄空入用之父母子息也但卦有卦之父母爻有爻之父母其入用之法如上元一運之子午向以一入中順數五至午上五屬戊己之土土無定位隨陰隨陽午上之五即屬己己爲陰土即以陰土之五再入中逆行九宮五即爲父母也如丁癸向六到癸上六是戌乾亥癸上流行之卦爻即是亥亥屬陽順數九宮六爲爻之父母非比午上之五爲卦之父母也此即玄空之子母公孫同此推排餘仿此法

二十四山皆如此例。

二十四山分順逆共成四十有八局五行即在此中分祖宗却從陰陽出陽從左邊團團轉陰從右路轉相通有人識得陰陽者何愁大地不相逢

此一節申言上文未盡之旨也子母公孫如何取用蓋二十四山止應二十四局而一山之局又有順逆不同如有順子一局卽有逆子一局一山兩局豈非四十八局乎此局得何五行則龍神得何五行五行不在此中分乎然五行之根源宗祖非

取有形可見有跡可尋之二十四山分五行乃從玄空大卦雌雄交媾之眞陰眞陽分五行也論至此玄空立卦之義幾乎盡矣而又恐人不知陰陽爲何物又重言以申明之曰如陽從左邊團團轉則陰必從右路轉相通言有陰卽有陽有陽卽有陰所謂陰陽相見雌雄交媾玄空大卦之秘旨也言左右則上下四旁皆如是矣此卽上文龍分兩片江南龍來江北望之意而反覆言之者也其奈世人止從形跡上著眼不能領會玄空大卦之妙

故又發嘆曰。有人識得此理者。乃識眞陰陽。眞五行。眞血脉。眞龍神。隨所指點。皆天機之妙。何愁大地不相逢乎。若不識此。雖大地當前。目迷五色。未有能得其眞者也。

俗註陽龍左行爲順陰龍右行爲逆陽亥龍左行爲甲木陰亥龍右行爲乙木之類非

直解 分者。卽分兩片也。兩片者。一顚一倒。一往一來。一順一逆也。分得順逆顚倒。自然共成四十有八局。然分作四十八局何益。蓋九星流轉。

氣運循環八卦九宮卽從此而轉順者順逆者逆故曰此中分但五行之根源宗祖非取有形可見有跡可尋二十四山所分之五行也要從大玄空卦中求天心之一卦流動九宮則甲癸申非盡貪狼而與貪狼爲一例艮丙辛非盡破軍而與破軍爲一例此卽所謂星辰流轉要相逢順逆在此中分也知此則在在之陰陽可求而得在在之陰陽旣可求而得豈非定陰陽辨順逆元空下卦起星之根源宗祖耶要在未立

向以前將水之去來、山之入首、四面八方仔細看到、排定方位後、用挨星之法、審其某水合某水不合、某山合某山不合、另尋別向、挨到處處合時合運、補救直達、兼得方可、如此則向之兼左兼右兼干兼支之法、無不在其中矣、有人識得流轉變遷隨時而在之陰陽者、何愁大地不相逢乎○盈虛消長之道、本上下無常、進退無恆者也、分者即從無常無恆之中、分其進退、定其上下、辨其陰陽、分其順逆、如是無常者似乎

有常無恆者、亦若有恆矣、

溫氏續解 分順逆、即天心正運之一卦入中、流動九宮、從玄空顛倒、流行二十四山之陰陽分順逆、此陰陽、即前節註明、乾坤艮巽為陽、子午卯酉為陰之陰陽也、如上元一運、立子山午向、先以天心正運之坎一入中、順數子山是乾六、乾屬陽、以乾六入中、順行九宮、午向是五、五屬陰、逆行九宮、而六之陽、五之陰、交媾於中五、順逆顛倒、由此而排、天心正運之一卦、豈非陰陽順逆五行之根原宗祖乎。其陽從左轉。陰從右通。非左旋右旋之謂。實陽順之數。自一至九。陰逆之數。自九至一。卦即是數。數即是卦。顚顚倒倒。下卦起星之法可明矣。甲癸申非盡貪狼。而與貪狼爲一例者。如四運之立申向。順行坎一至坤。申在坤卦之內。申上之玄空。即是坎卦之癸。申向之定位。非貪狼。玄空之癸。乃屬坎卦爲貪狼矣。豈非非盡貪狼。而與貪狼爲一倒乎。奧語首章。亦即此意。重之玄空也。

陽山陽向水流陽。執定此說甚荒唐。陰山陰向水流陰。笑殺拘泥都一般。若能勘破個中理。妙用本來同一體。陰陽相見兩爲難。一山一水何足言。

又言所謂識得陰陽者。乃玄空大卦眞陰眞陽。而非世之所謂淨陰淨陽也。若據淨陰淨陽之說。則陽山必須陽向。而水流陽。陰山必須陰向。而水流陰。時師拘拘於此。而不知其實無益也。眞陰眞陽。自有個中之妙。世人不得眞傳。無從勘破耳。若有明師指點。一言之下。立時勘破。則知不但淨陰淨陽不可分所謂眞陰眞陽者雖有陰陽之名而止是一物又何從分既知陰陽爲一物則隨手拈來無非妙用山與水爲一體陰與陽爲一體二十四山卦氣相通者皆爲一體矣夫淨陰淨陽者一山止論一山之陰陽一水止論一水之陰陽故拘執有形不能觸類旁通耳玄空大卦一山不論一山之陰陽而論與此山相見之陰陽一水不論一水之陰陽而論與此水相見之陰陽所以爲難知難能而入於微妙之域此豈淨陰淨陽之說拘於有

形者。所可同年而語哉。

【直解】山上龍神在山。水裏龍神在水。此即謂陽山陽水。此陰陽。以來者爲陽。往者爲陰。當令者爲陽。失運者爲陰。生者爲陽。死者爲陰。非世所謂左旋右轉也。亦非以山爲陰。而水爲陽也。又非以紅字爲陽。黑字爲陰也。又非以干屬陽。支屬陰也。此關一破。萬卷青囊。絲絲入扣矣。陰陽。即往來。來即往。往即來。來與往一氣連貫。本無二物。須參與時偕行。與時偕極。即往來流動之中在在有一陰一陽隨時而在在者也隨時而在乃是眞陰陽眞五行眞玄空眞血脉眞龍神若拘拘于干支卦位左轉右到者何來個中之妙耶陰陽相見兩爲難者山上排龍水上排龍雌雄相見也此相見非坎龍必須離水之相見兌龍必須震水之相見要山上排龍排到水裡水裏排龍排到山上山上水裡或來者與往者相見或得者與失者相見或山與水相見或水與山相見或相見之於山或相見之於水或山與

水都相見者此謂之兩難註云一山不論一山之陰陽而論與此山相見之陰陽一水不論一水之陰陽而論與此水相見之陰陽數語眞屬玄妙難知當細細察之如曉得此山此水相見之陰陽方知山與水爲一體陰與陽爲一體二十四山卦氣相通者皆爲一體矣豈拘拘于形跡者所可同年而語哉

溫氏續解 陽山陽向陰山陰向乃俗術之拘執有形從八卦二十四山納甲之紅字爲陽黑

字爲陰之淨陰淨陽也。其實與玄空大卦之眞陰眞陽。不啻霄壤。玄空大卦之陰陽。是山上排龍。要山上得當元當令之星爲陽山。水裡排龍。要水裡得當元當令之星爲陽水。若山上排龍之星。當元當令者到水。即爲山上龍神下水。水裡排龍之星。當元當令者到山。即爲水裡龍神上山。水主財祿。山主人丁。上山下水。未免退財傷丁。山上排龍以玄空天運。排到坐山入中。或順或逆。若當令之星。排到高山實地靜處即吉。

水裏排龍。亦以天運。排到向首入中。或順或逆。若當令之星排到水裏動處亦吉。反此卽是上山下水。動衰靜旺。陰陽相乘也。向卽天陽應動。坐卽地陰應靜。天氣下降。地氣上升。山向卽天地之氣。均要入中者。乃陰陽之對待交媾於中五。此要玄空天運。挨排到山到向之星入中。非二十四山定位之山向卽可入中也。山與水相對。卽陰陽交媾也。而論與此山此水相見之陰陽者。要玄空所排之二十四山。與定位之二十四山相見也。故曰一山不論一山之陰陽。一水不論一水之陰陽。而論與此山此水相見之陰陽。重之於玄空無形之氣。定位之二十四山不論也。星即洛書九星。貪巨祿文廉武破輔弼也。

二十四山雙雙起。少有時師通此義。五行分布二十四。時師此訣何曾記。

此即上文二十四山分順逆之義。而重言以嘆美之。雙雙起者。一順一逆。一山兩用。故曰雙雙也。五行分布者。二十四山各自爲五行。不相假借也。雖如此云。而其中實有奧義。惟得秘訣者。乃能通之。時師但從書卷中搜索。必不得之數也。於此可見二十四山。成格有定。執指南者。人人能言之。而微妙之機。不可測識矣。

俗註乾亥爲一甲卯爲一丁未爲一之類釋雙雙起者非

直解此處要順輪者。彼處要逆佈者。此時要順排者。彼時要逆挨者。一山兩用。故曰雙雙也。且二十四山。定陰陽。分五行。起星下卦之法。其秘盡在雙雙二字之內。能於此中推測。可得五行分布之奧矣。

【溫氏續解】二十四山雙雙起者。即上文分玄空山向一順一逆一山兩用。為之雙雙也。五行分布二十四者。要從玄空流行之二十四山分五行。非定位二十四山之五行也。此五行。乃玄空之九星五行也。

山上龍神不下水。水裏龍神不上山。用此量山與步水。百里江山一晌間。

此即上文山管山水管水之義而重言以嘆美之。

且又以世人之論龍神、但以山之脈絡可尋者、爲龍神、即其所用水法、亦以山龍之法、下求乎水、以資其用耳、不知山與水、乃各自有龍神也、特爲指出、以正告天下後世焉、山上龍神、以山爲龍者也、專以山之陰陽五行推順逆生死、而水非所論、水裏龍神、以水爲龍者也、專以水之陰陽五行推順逆生死、而山非所論、剛柔異質、燥濕殊性、分路揚鑣、不相假也、即有山龍而兼得水龍之氣者、亦山自爲山、水自爲水、非可以山之陰陽五行混入乎水之陰陽五行也山則量山以辨山之純雜長短水則步水以辨水之純雜長短得此山水分用之法百里江山一覽在目此青囊之秘訣亦青囊之捷訣也嗚呼此言自曾公安剖露以來於今幾何年矣而世無一人知者哀哉

俗註論山用雙山五行從地卦查來龍八首論水用三合五行從天卦查水神去來者非

直解 山用順水用逆俗註已明水用逆而星仍用順時師未曉此青囊之秘訣即青囊之捷訣

也。所云龍神非來龍來脈之龍神。是挨星生旺之龍神。山上挨得生旺之龍神。謂之葬著旺龍。當代發。水裡挨得生旺之龍神。謂之葬著天心。發豈遲者也。山自為山。水自為水。不相假借也。

溫氏續解

山用順者。如上元一、二、三之山對面即九、八、七之水。仍要將玄空一、二、三之星排到九、八、七之水。下元七、八、九之山對面三、二、一之水。仍要將玄空七、八、九之星排到三、二、一之水。中元四之山對面即六之水。仍要將四之星

排到六之水中五寄於四之末六之初為三元
八卦九星山水順逆之用豈非山用順水用逆
而星仍用順也平洋以實地高處為山低處有
水為水山龍自以山為龍平洋以水為龍也

更有淨陰淨陽法前後八尺不宜雜斜正受來陰陽
取氣乘生旺方無煞來山起頂須要知三節四節不
須拘只要龍神得生旺陰陽卻與穴中殊

此淨陰淨陽非陽龍陽向水流陽之淨陰淨陽也
蓋龍脉只從一卦來則謂之淨若雜他卦即謂之

不淨而辨淨與不淨尤在貼身一節或從前來或從後至須極清純不得混雜八尺言其最近也言此尤爲扼要所謂血脉也一節以後則少寬矣此節須純乎龍運生旺之氣若一雜他氣即是煞氣吉中有凶矣來水如此來山亦然須審其起頂出脉結穴一二節之近要得龍神生旺之氣蓋龍頂上聚受氣廣博能操禍福之柄即或直來側受之穴結穴之處與來脉不同而小不勝大可無虞也此以知山上龍神水裡龍神皆以來脈求生旺而

尤重在到頭一節。學者不可不慎也。

俗註以左轉右轉順逆爲陰陽者非

直解 來山來水處處均歸一路。即爲淨。如出他卦。即爲不淨。惟八首一節。更不宜夾雜。故特辨之。乘氣收水。其法不一。或有斜受。或有正受。或陰來陽受。或陽來陰受。急來緩受。緩來急受。要而言之。生氣在左則左。在右則右。隨地取裁。隨時兼取者耳。來山起頂者。穴後主山之頂也。須要知者。要知主山之頂。屬何方位。屬何星體也。

穴有穴頂。穴頂之方位星辰。亦要辨別清楚。去穴遠者。不必拘拘屬何星體也。只要合乎生旺爲妙。然此生旺。兼體用而言。宜細細察之。

溫氏續解 此淨陰淨陽。是說山地來脉之入首。平洋來水之三叉入口處。或近穴元神貼身之水。均須要一卦淨而不雜他卦之氣。一卦淨者。如子癸來脉。卽爲之淨。若雜丑字。卽爲出卦不淨。子癸乃坎之一卦。丑爲艮卦矣。卦氣不一。陰陽亦異。八尺是近穴一節。山水二龍。均屬緊要。來山來水。故須先到先收其氣之入穴為的。所以三節四節不須拘者。是言遠則可勿重而略之也。

天上星辰似織羅。水交三八要相過。水發城門須要會。郤如湖裏鴈交鵝。

此以天象之經緯。喻水法之交會也。列宿分布周天。而無七政以交錯其中。則乾道不成。而四時失紀矣。幹水流行地中。而無支流以界割其際。則地氣不收。而立穴無據矣。故二十四山之水。其間必有交道相過。然後血脈眞而金龍動。大幹小支。兩水相會。合成三义而出。所謂城門者是也。湖裏鴈交鵝。言一水從左來。一水從右去。兩水相遇。如鵝雁之一往一來也。詳言水龍審脉之法而立穴之妙在其中矣。

直解 上二句取天象之經緯。喻水法之交會。下二句以鵝雁之往來。比流神之屈曲。然大幹小枝兩水相會。合成三义。必有枝流界割其間。則地氣收東。立穴有據矣。所謂氣無界不收。龍無

界不清脈無界不止穴無界不的即此意也

溫氏續解 此以水法之曲折灣環重重交錯於二十四山之內大水收入小水合成三义爲水之城門立穴定向城門爲穴內進氣之關鍵若以玄空五行生旺之星排到城門即吉他處稍得衰星亦可轉禍爲福若城門輪到衰死之星不免凶也兩水相交合成三义即爲城門立穴定向重在城門以玄空星辰之旺衰爲得失也

富貴貧賤在水神水是山家血脈精山靜水動晝夜定水主財祿山人丁乾坤艮巽號御街四大尊神在內排生尅須憑五行布要識天機玄妙處乾坤艮巽水長流吉神先入家豪富

乾坤艮巽各有衰旺生死非可槩用須用五行辨其生尅生即生旺尅即衰死生爲吉神死爲凶神要在玄空大卦故云天機玄妙處也

直解 山主靜水主動山管人丁水管財祿水法美主財祿豐盈龍氣佳主人丁興旺水形屈曲

曰御街非以方位爲御街也。四大尊神卽衰旺生死。將此衰旺生死。排在乾坤艮巽水中。故曰在內排。天機卽天運吉神先入。謂當收得生旺爲先也。○先到先收亦謂之先入。

溫氏續解　吉凶悔吝生乎動。水爲流動之物。其應之速。更勝於山也。所以爲山家血脈之精水主財祿。要水裡龍神得旺。山主人丁。要山上龍神得旺。乾坤艮巽號御街者。乾坤艮巽俱居四隅。水能四隅纏到。豈非水形屈曲四大尊神卽衰旺生死。玄空排在四隅之中。須先收生旺之方爲先也。其法亦以天運入中。流行九宮。應用何山何向。玄空對待交媾於中五之所。然後陽順陰逆。挨排生旺之星。在何四隅緊要用神之處。合時合吉。所謂天機者卽此也。

請驗一家舊日墳。十墳埋下九墳貧。惟有一墳能發福。去水來山盡合情。

直解 如十墳用十處。有山情好者。有水法好者。有山水無情者。有發福者。有衰敗者。地非一處。

盛衰亦無一定自然之理也楊公獨舉十墳埋下之句蓋屬假借之辭申言用法之得弗得也謂此十墳用於一處則九墳之前後左右來山去水坐山朝向乘氣收水方位干支與此一墳總是一般模樣既是一般則九墳之盛衰宜與此墳一般為是乃九墳敗而一墳獨發者何也墳之形局雖同所用之時各有先後時有先後坐山朝向雖是一般在在之陰陽各別陰陽既別則五行之消長氣運之盈虛自有合與不合

合情者惟此一墳體與用消與長處處用得合法也

溫氏續解

此節不過說九墳之來山去水坐山朝向均與所用之元運相背不合玄空之機也惟此一墳所用之元運與山水形體玄空五行之山上水裏處處與時相合故能發福也

宗廟本是陰陽玄得四失六難爲全三才六建雖爲妙得三失五盡爲偏蓋因一行擾外國遂把五行顛倒編以訛傳訛竟不明所以禍福爲胡亂

一行係唐時僧人

此節旁引世俗五行之謬以見地理之道惟有玄空大卦看雌雄之法所以尊師傳戒後學也蓋唐以後諸家五行雜亂而出將以擾外國而反以禍中華至今以訛傳訛流毒萬世曾公所以辨之深切也歟

【直解】宗廟五行是唐一行所造所云得三失五得四失六者非盡善之謂也

【溫氏續解】得四失六得三失五者乃八方之山水形體與玄空五行之法不能處處相合或

水吉而山凶或山吉而水凶或向首乘旺而坐山値衰或山水衰旺參半體用難以全合故云然也

青囊奧語

唐楊益筠松撰

無心道人增補 直解
錫山溫榮鏞明遠甫續解
上海朱之翰紫君甫較印

楊公得青囊正訣。約其旨爲奧語。以玄空之理氣。用五行之星體。而高山平地之作法。已該括於其中。然非得眞傳口訣者。索之章句之末。終不能辨。謂之奧語。誠哉其奧語也。姜垚汝皐氏注

坤壬乙。巨門從頭出。艮丙辛。位位是破軍。巽辰亥。盡是武曲位。甲癸申。貪狼一路行。

姜氏曰、挨星五行即九星五行也。貪巨祿文廉武破輔弼。一一挨去。故曰挨星。玄空大卦五行。亦即挨星五行。名異而實同者也。此五行原本洛書九氣。而上應北斗。主宰天地化育之道。斡維元運。萬古而不能外也。此九星與八宮掌訣九星不同。唐使僧一行作卦例以擾外國。專取貪巨武爲三吉其實非也。夫九星乃七政之根原。八卦乃乾坤之法象。皆天寶地符。精華妙氣。顧于其中。分彼此。辨優劣。眞庸愚之識。詭怪之談矣。止是天地流行之

妙與時相合者吉與時相背者凶故九星八卦本
無不吉而有時乎吉本無有凶而有時乎凶所以
其中有趨有避眞機妙用全須秘密耳眞知九星
者豈惟貪巨武爲三吉即破祿廉文輔弼五凶亦
有吉時眞知八卦者豈惟坎離乾坤四陽卦爲凶
即震巽艮兌四陰卦亦有凶時斯得玄空大卦之
眞訣矣奧語首揭此章乃挨星大卦之條例坤壬
乙非盡巨門而與巨門爲一例艮丙辛非盡破軍
而與破軍爲一例巽辰亥非盡武曲而與武曲爲

一例甲癸申非盡貪狼而與貪狼為一例此中隱然有挨星口訣必待眞傳人可推測而得若舊注以坤壬乙天干從申子辰三合為水局故曰文曲、艮丙辛天干從寅午戌三合為火局故曰廉貞之類謬矣又有云長生為貪狼、臨官為巨門、帝旺為武曲亦謬、

【直解】挨星五行即九星五行貪巨祿文廉武破輔弼一一挨去故曰挨星此五行、原本洛書九氣而上應北斗主宰天地化育之道其氣無形

可見者也。無形之氣。爲天所行也。有形之質。爲地所行也。一二三四五六七八九。即大五行爲天行氣。爲地行形之次序。非水火木金之在天成象。又非方圓直銳之在地成形。又非東木西金之方位。又非坎水離火之卦屬。故名之曰大玄空。此五行、隨氣變遷。隨運轉移。天心一動。九宮便更名。非有定氣。隨星分。故曰非巨門而與巨門爲一例。非破軍而與破軍爲一例。如是則下卦起星之訣。定卦分星之奧。曉然矣。若拘拘於字義。則與玄空二字之意不合。

溫氏續解　坤壬乙。乃卦數之二一三。艮丙辛。卦數之八九七。巽辰亥。卦數之四四六。甲癸申。卦數之三一二。此節二十四山之卦爻。雖書其半。而天地人三元之卦與數已備。惟數獨隱秘其五。不肯明言。中五爲八卦九星玄空流行。陰陽順逆。五行顛倒。變化錯綜。下卦起星之法悉由中五爲入用之樞。方能旋轉九星。所以謂此中隱然有挨星口訣。天心即天運。如上元二運。

坤二巨門居中立極卽爲天心之動依數順逆挨去豈非九宮便更玄空流行之九星亦隨時而更變乎似巨門非巨門者坤爲巨門之正位壬乙是貪祿之爻神卦數卽是一三之貪祿而非巨門可與巨門爲一例者如六運之用壬向以六入中順數坎卦貪狼壬上是二以玄空之二巨門爲用豈非壬非巨門而可與巨門爲一例也四運之乙向亦然艮丙辛巽辰亥甲癸申非盡破軍武曲貪狼而與破軍武曲貪狼爲一

例者。亦即此也。以玄空之九星一一挨去。發此一節。以明作用。故曰挨星大卦之條例。玄空大卦五行。不論定位八卦九星之五行。而要用玄空流行之九星五行也。中五者。太極之象。其數實藏於四六兩運之內。爲陰陽兩片之分。天行氣。地行形。皆以洛書一二三四五六七八九之數。陰陽奇偶。順逆顛倒。依數挨去。故曰挨星。天地之氣皆數也。大五行亦洛書九氣之星。卦所屬五行也。玄空者。流行之氣也。下卦起星者。如上元一運。坎卦入中。即爲所下之坎卦也。起星者。卽隨所下之卦。玄空流行。至應用山向上之星。再對待交媾於中五。陰陽順逆。流行八卦二十四山爲起星也。餘運倣此。

左爲陽。子癸至亥壬。右爲陰。午丁至巳丙。

姜氏曰、此節言大五行陰陽交媾之例。如陽在子癸至亥壬。則陰必在午丁至巳丙矣。自子至壬。自午至丙。路路有陽。路路有陰。以此爲例。須人自悟也。非拘定左邊爲陽。右邊爲陰。若陰在左邊則陽又在右邊矣亦可云左右亦可云東西亦可云前後亦可云南北皆不定之位雌雄交媾非有死法故曰玄空舊注自子丑至戌亥左旋爲陽自午至申未右旋爲陰謬矣

直解 陰陽左右是天地交媾之眞陰眞陽如陽在子癸陰必在午丁陽在午丁陰必在子癸陽在左陰必在右陽在右陰必在左八卦四隅路路有陽路路有陰非拘定左邊爲陽右邊爲陰也陰陽有一定之氣無一定之所陰陽雖無定

所隨時而在者也若拘拘於子癸午丁亥壬巳丙順則皆順逆則逆何來左與右耶楊公恐人拘定故特辨之○陰陽左右是翻天倒地隨時顛倒之陰陽隨時顛倒左右自無一定苟曉顛倒無定之陰陽方知陽在彼陰必在此之竅矣

溫氏續解

此陰陽非左旋右轉者爲陰陽若以左旋右轉爲陰陽子癸至亥壬午丁至巳丙皆順行左旋也何來左爲陽右爲陰乎如上元

一運。以坎龍入中。順數至坎。子癸上是乾六。六即乾亥二字。屬陽順行九宮。故曰左爲陽。子癸至亥壬。坎龍入中。順數離上是五。爲戊己之土。隨陰隨陽。午丁二字。即巳土屬陰。逆行九宮。故曰右爲陰。午丁至巳丙。此陰陽非左旋右轉爲陰陽。乃要以玄空流行數之順逆爲陰陽也。

雌與雄。交會合玄空。雄與雌。玄空卦內推。

姜氏曰。玄空之義見于曾序江南節注

〔直解〕合玄空。即合陰陽往來之玄空。陰陽往來

之玄空總在山上水裡雌雄交會之內故曰推也得此訣須知氣有一定之氣而用無一定之用也

溫氏續解 雌與雄交會合玄空者乃所用山向卦爻陰陽之對待交會於中五也雄與雌玄空卦內推者再將所立玄空山向交會於中五看卦爻之陰陽分其順逆顛倒流行故曰玄空卦內推豈非顛倒之法明矣

山與水須要明此理水與山禍福盡相關

姜氏曰、山有山之卦氣。水有水之卦氣。脫不得陰陽交媾之理。山有山之禍福。水有水之禍福。有山禍而水福。有山福而水禍。有山水皆福。有山水皆禍。互相關涉品配爲用。

【直解】明此理者。卽明雌雄交會之理也。此交會之理。蓋以地之體主靜。天之氣主動。主動之氣。生乎上。主靜之氣。成乎下。雌雄交媾。動靜生成。此氣本無往不在。無時不有。無物不生者也。所謂葬乘生氣。卽乘此生氣也。葬得此生氣。則天氣歸之天氣歸則地氣必從之矣如是則陰陽之道山水之理可得而知矣○山與水水與山是言山上水裡之排龍也明此理即明一山不論一山之陰陽一水不論一水之陰陽而論與此山此水相見之陰陽也上節所云雌與雄雄與雌即是山上水裏元空交會有彼此生生之妙也

溫氏續解 此節亦前節雌雄交會之理所以山與水水與山互相關涉也山水即陰陽向即

天之氣。坐即地之氣。天地之氣。交會於中。陰陽變化流行。然後地之形。能受天之氣。形與氣相生。即葬乘此生氣也。此生氣。無形可見。要當元之旺星。放在水裡。衰星放在山上。此指向首挨排而言。若以坐山挨排。又要當元之旺星放在山上。衰星放在水裏。即爲陽水陰山。陰水陽山也。一山不論一山之陰陽。一水不論一水之陰陽。而要與此山此水相見之陰陽者。如一運之用子山。以一入中。順數坎上是乾。而乾豈非與子相見者乎。一運之子山。不以子論。而要以與子相見之乾爲用也。不論定位之八卦二十四山。要從玄空流行之八卦二十四山爲用也。餘仿此。

明玄空。只在五行中。知此法。不須尋納甲。

姜氏曰。九星五行大卦之法。只明玄空二字之義。則衰旺生死。瞭然指掌之間。不必尋乾納甲坤納乙。巽納辛。艮納丙。兌納丁。震納庚。離納壬。坎納癸之天父地母。一行所造卦例矣。

直解無定無據無方無隅無始無終無形無跡。無往。不在。無時。不有。曰玄空五行者。是挨星五行。即大玄空九星五行。非諸家之五行也。切莫誤認。九星五行之中。有與時合者。有與時背者。八卦九星。本無有凶。不合。則凶。本無有吉。合時。則吉。如此則墓宅之興衰瞭然矣。何必用尋乾尋甲之法乎。

溫氏續解　玄空五行。即九星五行。玄空之機。均在中五。陰陽交媾亦在中五。由中五一變九

宮流動二十四山亦隨之而變陰不是陰陽不是陽亦在其中矣

顛顛倒二十四山有珠寶順逆行二十四山有火坑

姜氏曰顛倒順逆皆言陰陽交媾之妙二十四山陰陽不一吉凶無定合生旺則吉逢衰敗則凶山山皆有珠寶山山皆有火坑毫釐千里間不容髮非眞得青囊之秘何以能辨之乎

直解 顛倒即翻天倒地之顛倒正是陰不是陰陽不是陽之顛倒下二句總論俗術之非

溫氏續解

二十四山之有珠寶火坑者。無非旺衰二字。從玄空天運流行之坐山朝向對待交媾於中五。順逆行去。何方有山。何方有水。要當元當旺之令星。與地體形局用神之星與時相合。則爲珠寶。與時相背。則爲火坑矣。翻天倒地者。即從玄空翻天干倒於地支。爲翻倒也。

認金龍。一經一緯義不窮。動不動。直待高人施妙用

姜氏曰。易云乾爲龍。乾屬金。乃指先天眞陽之氣。無形可見者也。地理取義于龍。正謂此耳。一經一

緯。即陰陽交媾之妙。金龍之經緯。隨處而有。而動。
與。不。動。去。取。分。焉。必。其龍。之。動。而。後。妙。用。出。焉。若
不動者。不可用也。金龍既屬無形。從何可認。認得
動處。即知用法。所以有待高人也歟。

直解 認金龍者。即認無形之氣也。無形之氣。日
往。月。來。盈。虛。消。長。經。緯。無。窮。者。也。此。氣。從。何。可
認。苟。能。認。得。無。形。之。氣。孰。往。孰。來。誰。消。誰。長。方。
知。其。動。與。不。動。知。得。動。處。即。知。察。血。脈。認。來。龍。
之。法。矣。一經。一緯者。即動者。運行於上。無一息

之停主降靜者安靜於下亘古不移主升升升降降上行下效縱橫顛倒總由動而使然也如舍經而言緯非但無氣質生成之妙理且無用往來之氣化孤陽不生緯亦空有是緯矣如舍緯而言經非但無寒暑以化物并無秋落春榮之變易獨陰不育經亦徒有是經矣○金龍既屬無形不在形跡上求動靜曉然矣不在干支方位上求動靜亦曉然矣

溫氏續解 金龍即前青囊序中先看金龍動

不動。明指要認無形之天氣也。經即地體。爲靜而不動。緯即天氣。乃動而不息。以動而不息下降之天氣。合靜而不動上升之地氣。苟能天與地。相生相合。豈非義不窮哉。二十四山不動之定位亦爲經。玄空流行之八卦二十四山亦爲緯。若非高人。焉知動在何處。而施其妙用乎。經緯之道明矣。而金龍之動。即前註一運已交坎龍動矣。離龍爲九運已過。即爲不動。總之處處說無形之天運。天運即氣之往來。氣之往來。即數之代謝。衰旺生死。由此而分。所以不在形跡上求動靜。亦不在定位上之于支求消息。要在無形玄空流動之中求眞機。可曉然矣。

第一義。要識龍身行與止。第二言。來脈明堂不可偏。
第三法。傳送功曹不高壓。第四奇。明堂十字有玄微。
第五妙。前後青龍兩相照。第六秘。八國城門鎖正氣。
第七奧。要向天心尋十道。第八裁。屈曲流神認去來。
第九神。任他平地與青雲。第十眞。若有一缺非眞情。

姜氏曰、上節言金龍之動不動。而此節緊項龍身行與止學者不可忽也蓋有動則有止不動則雖有金龍只云行龍原無止氣故高人妙用以此爲第一有此一著然後其餘作法可次第而及也來脉明堂不可偏非謂來脉必與明堂直對不可偏側也若如所云則子龍必作午向亥龍必作巳向矣來龍結穴變化不一有直結者有橫結者有側結者豈容執一楊公之意蓋謂來脉自有來脉之受氣明堂自有明堂之受氣二者須各乘生旺兼而收之不可偏廢也傳送功曹乃左右護龍星辰

蓋眞龍起頂必高于護砂乃爲正結若左右二星反壓本山非龍體之正矣平地亦然貼身左右有高地掩蔽陽和房分不利俗術所不覺也十字玄微乃裁穴定向之法雖云明堂實從穴星內看十字明此十字則穴之上下左右向之偏正饒減盡于此矣其云玄微誠哉其玄微也歟前後青龍兩相照從案托龍虎定穴法者此義易知八國城也八國有不滿之處是曰城門蓋城門通正氣之出入而八國鎖之觀其鎖定之方便知是何卦之正

氣。以測衰旺而定吉凶也。故曰秘。天心十道。緊項
八國城門而來。蓋城門既定正氣之來蹤。而又當
于穴內分清十道。乃知入穴正、氣。廣狹輕重銖兩
平衡之辨。故曰奧。此兩節。專言入穴測氣。非論形
勢也。不然則與明堂十字。前後青龍兩條。不幾于
複乎。屈曲流神。己是合格之地。然有此卦來則吉
彼卦來則凶者。概以屈曲而用之。誤矣。須有裁度。
乃可變通取用。故曰裁。以上皆審氣之眞訣。至微
至渺者。一著不到。將有滲漏而失眞情矣。平地高

山。總無二法。上八句各是一義。末二句不過叮嚀
以囑之語。氣湊拍。借成十節耳。

直解 第一義○上節言無形之氣動不動。此節
言。有形之質止不止。楊公看雌雄之法。蓋以有
形之質爲體。無形之氣爲用。一體一用。雖有動
靜之殊。然必體立而後用行。故以龍身行止爲
第。一經云。形止氣蓄。萬物化生。即此之謂也
第二言○山有山之行止。水有水之行止。分定
行止。然後辨其是地非地。再辨其屬何卦氣。屬

何生旺。得為不偏。不得。即謂偏。非坎龍離水之偏不偏也。

第三法〇傳送功曹。是前後左右輔從之別名。高壓者。賓欺主之象也。

第四奇〇明堂十字。乃裁穴定向之法。在未立穴以前。先看四面情形。八方來勢。次看來山來水。合何時之生旺。再看內堂外堂去來止聚之方。如是則知穴之宜左宜右。宜前宜後。自有一定不可移易之穴。自有一定不可移易之向矣。

第五妙○細看前後左右龍虎案托左爲龍右爲虎前爲案後爲托環抱開面相向有情爲照兩相照者八方相照有情也

第六秘○城門二字最難拘碍水有水之城門山有山之城門水之城門有三乂以三乂爲城門無三乂以水之照穴有情處爲城門亦有以來處爲城門亦有以去口爲城門總以有權有力處爲是山之城門以入首束氣處爲城門或以過峽起頂處爲城門亦有以某處來脈即以

某處爲城門平原平陽以枝浜界氣爲城門或
以低田界水止處爲城門鎖正氣者看准城門
正氣鎖定在何方也
第七奧〇天心十道是用法之至美者也上文
十道從形跡上看此節以體用合宜山水兼得
便爲十道十道卽天卦之十道非地卦之十道
也地卦之十道一九二八三七四六人人知之
何以云奧楊公于此節發明要向天心尋者眞
所謂披肝露胆之說陰陽相見之妙訣也苟能

曾得其理。十道自然有處可尋。當在向上分清。不用別處尋也。

第八九十三節○水神雖以曲爲吉。然有此處來則吉。彼處來則凶者。其中須有裁度。平地靑雲。卽高山平洋。高山平洋。其用則一。十眞者。龍穴沙水。鬼曜朝對。處處環抱朝拱。更兼山得山之用法。水得水之用法。此卽謂十眞。或體好。而用不能全合。或用得。而體少有偏側反跳之形。總謂之缺。以上十節。須以龍眞穴的爲要。龍果眞。穴果的。止自有止。行自有行。自有明堂。自有功曹。自有傳送。自有十字。自有城門。左右自然照應。流神自然屈曲。如龍穴一有不的。外面空有萬重山。即此謂也。

溫氏續解 第一說龍身之行止。有體用之分。體之行止。山法有分枝劈脈。從大山落下爲之行。直行至脈絡盡處到頭爲之止。水法以大河初入浜處爲之行。直至浜底盡處爲之止。所以山水形體之行止則一也。若論其細義。山水形體有移步換形之變。貴作者。隨地細心取裁。因時圓通活變。神而明之。自有所得。至用法之行止。玄空九氣流行爲之行。如時値上元一運。一爲坎。爲貪狼。須以玄空流動之中。將此坎一貪狼之星。放在水之浜底盡處。或放在向前水之闊大曲動之處。卽爲之龍到頭。亦爲之止也。山水總以權力獨勝之處。爲一穴之用神。吉凶之應。靈如桴鼓。第二來脉明堂不可偏。要坐後之來脉。與穴前之明堂。均要收玄空生旺之氣入穴爲不偏倚稍涉衰死卽偏也。第三傳送功曹。論體。兩砂齊抱。降伏有情。護衛正龍。論用要左右乘旺生扶向首主星也。第四明堂十字之玄微。與第七天心之十道。重之立穴定向。須要四面八方。將玄空排到處處不犯上山下水。陰陽無相剝相反。來山去水。體用悉合。爲之十道。所以要向天心尋者。天心卽天運。非地卦定位之一九。二八三七。四六之合十。要玄空流行會合之十道也。第六是八國城門。最爲緊要。用山有山之城門。用水有水之城門。無非要將當元得令之星。排到城門。城門者何。有權有力立穴緊要用神之處也。城門既得生旺。穴內亦乘生旺之氣矣。其餘八、九、十、三節。或論體。或論用。閱蔣傳章解之原文自明。不待註解而可知也。此十節。或言體。或言用。或言龍穴砂水。其實體之言龍。即高低起伏。用之言龍。即天元九氣流行。循環不息。體之言穴。即水抱砂圍。無漏風冲泄。無山情襍亂。有窩鉗乳突。胎息孕育顯明之處。用之言穴。即中五立極之處。要與外來八方旺衰之氣。玄空挨排生克之機•處處合配體之言砂。要山形拱向。如人之兩手灣抱高低適均。用之言砂。即玄空星辰。要生扶向首。體之言水。要灣環曲折。之玄兜抱則吉。硬直反跳尖射則凶用之言水。要玄空流行。向首排出之星辰以當元將來生旺之氣。排入水中。過去已久衰死。之星辰。排在高山實地。處處配合。陰陽各得。爲之天根月窟。玄竅相通。所以楊公云。世之言龍穴砂水者眞未夢見也時師但知體之龍穴砂水而不知用之亦有龍穴砂水無怪學地理者似是實非難明其奧也余青囊序中已經續解今再複述者恐習斯道之忽而不潛思其奧故重言申明之

明倒杖卦坐陰陽何必想

姜氏曰此以下二節專指山龍穴法與平地無涉因世人拘執淨陰淨陽之說故一語破之倒杖非必如俗傳十二倒杖法此後人僞造也只接脉二

字足盡倒杖之眞訣既知接脉便知眞穴既得眞
穴便有眞向自然之陰陽已得又何必淨陰淨陽
之拘拘哉

直解此節申言裁穴定向之法要在未立穴以
前先看山之來脉從何起頂從何入首細細看
准某干上是來脈某干上是入首辨淸干支夫
婦再看水之去來某處是來源某處是去口某
處是三叉一一看到然後再辨孰陰孰陽誰得
誰失方可剪裁趨避如卦坐倒杖等語總言乘

氣收水之法。何必想三字。是言楊公不勉而中。不思而得之致。○楊公當時攜杖登山隨機指點。後人神其說。爲有十二種倒杖法。傳訛之至。

溫氏續解　倒杖之法。後人僞造。註中已明。卦坐陰陽。即坐山朝向對待之陰陽。所以要在未立穴以前。看准地體如何。究竟用何山向爲合。玄空中是何干支。對待是何陰陽。順逆挨排。即知應立何山何向。兼何干支。山龍先要看准來脉之起頂入首。平洋先要看准水口三义在何

干支字位再用玄空挨星之法形氣配合其間
裁穴定向自然何必想也

識掌模太極分明必有圖

姜氏曰山龍眞穴必有太極暈藏于地中此暈變化不同而其理則一非道眼孰能剖露哉

直解 按識掌模三字分明是掌上起星辰類聚羣分之太極何嘗說著地中之太極果是地中之太極與掌何相干涉○要得內極先求外極弗識外極焉識內極既識外極再尋內極從此

尋極萬不失一要求太極先求的穴再尋蟬翼自有眞極○無物即無極無極即無物有物自有極有極自有物極以物定物以極分未生物先生極未生極先生物極生物物生極極物生生方知物物一太極

溫氏續解 此節姜氏恐露其機借地中暈極以混之說掌模明說掌上起星辰但掌上之星辰從何而起掌中可分九宮起星之法即洛書九氣以中五爲立極將一二三四九八七六順

逆之數。由中五挨去。八卦九宮。從此流行。二十四山。亦隨之而轉。吉凶旺衰。從此而出。豈非掌中太極分明也哉。

知化氣生尅制化須熟記。

姜氏曰、生旺之氣爲生。衰敗之氣爲尅。扶生旺之氣。勝衰敗之氣。是爲制化。此一節兼平地而言。

【直解】知化氣。要知天地化育之氣。化育之氣至公至平。無往不在。無時不有。既知此氣。再細細考其所以生所以化所以尅制之理。苟能熟記於胸中則天地之氣機墓宅之興衰瞭然矣生尅即五行之生尅制與化蓋言以文制武以貴治賤以長治幼以尊治卑之理三綱五常為王道之制化此理之當然也陰陽剛柔水火木金為五行之制化此氣之當然也其事雖異其理則一細心參考制化之理自得矣○虛則補其母實則瀉其子亦是制化之妙法也

溫氏續解　既知體用龍穴砂水之變化即知五行生克制化之理此五行亦即大玄空九星

五行也。非定位二十四山之九星五行。讀辨正者。總以玄空流行之九星五行爲主。切勿誤認板格也。譬如我之用神是木。流行之金氣來克我。卽以流行之火制之。或以水泄之。似得制化之妙矣。但我所用之木。適値其衰。而克我之金。又因時乘旺。此秘旨所謂。彼來克我。適所以生我也。以旺克衰。衰反爲旺。無須火制水泄也。

說五星。方圓尖秀要分明。

曉高低。星峯須辨得玄微。

鬼與曜。生死去來眞要妙。

姜氏曰、此三節皆論山龍形體。不須另解。鬼曜之生死去來。是辨龍穴之要著也。龍之轉結者。背後必有鬼。有穴星如許長。而鬼亦如許長者。俗眼難辨有反在鬼上求穴者。不知穴星是來脈爲生。鬼身是去脈爲死。察其去來。而眞僞立辨矣。盡龍左右龍虎。都生曜氣。向外反張。有似乎砂之飛走者。此眞氣有餘。直衝上前。而餘氣帶轉。如人當風振臂。衣袖飄揚。反向後也。在眞龍正穴。則爲曜氣。在無有穴之地。則爲砂飛。此。其。辨。在。龍。穴。而不在砂也。

直解 五星、卽木直金圓土方水曲火尖之五星、要分明者。要說五星正變之象也。星峯、在旺方宜高衰方宜低。是楊曾之眞訣。須高處得高處之五行。低處得低處之五行。元微者。各得其宜也。

溫氏續解 鬼曜、專論挨生棄死之法。

此三節。統論山龍形體巒頭諸書。

載之已詳毋庸再解惟高山低水之旺衰須要各得其宜勿犯上山下水之病爲得也

向放水生旺有吉休囚否

姜氏曰向中放水世人莫不以來水特朝爲至吉去水元辰走泄爲至凶殊不知向上之水不論去來若合生旺則來固吉去亦吉若逢休囚則去固凶來亦凶楊公因向上之水關係尤緊其說最能誤人故特辨之

【直解】大凡向上之星得生旺爲要五歌云向首

一星災福柄。向上無水去來者。猶可。或有水去來者。或有水聚者。或見水光者。或合成三义者。此謂之玄關。又謂之城門。關繫盛衰之地。最爲緊要。可不加意細察乎。○重在玄空得失。不重水之去來。然來水特朝去水走泄其形。人所易曉。生旺休囚。世所不識。

溫氏續解 一篇奥語。至此方說明向放水者。論水之吉凶。要從向上排出之星辰。合何方之水。爲吉爲凶。要將天運入中之星。輪到向首。得何星辰。再將此星入中。順逆挨排。何方有水何方有山。陽星得令。排到水裡則吉。陰星失令。排到山上為合。若排山則以坐山為主。不論向也。坐山排龍。山上要得陽星。水裡得陰星。所謂陽水陰山。陰水陽山也。向首一星。關係最重。向者即向天陽之氣。天主動。其應速。星氣旺則吉衰則凶。所以向首一星。為災福之柄。其可忽乎。向中之放水。一雙眼。至此方露其機耳。

二十四山分五行。知得榮枯死與生。翻生倒地對不同其中秘密在玄空認龍立穴要分明在人仔細辨天心天心既辨穴何難但把向中放水看從外生入名爲進定知財寶積如山從內生出名爲退家內錢財皆盡費生入剋入名爲旺子孫高官盡富貴

姜氏曰玄空大卦之妙只翻天倒地對不同七字二十四山既分定五行則榮枯生死宜有一定矣及其入用有用于此時則吉用于彼時則凶者時之對不同者其一也有用之此處則吉用之彼處則凶者物之對不同者又其一也此其秘密之理

非傳心不可。天心。卽上文第七奥之天心。另有辨法。非時師所謂天心十道也。若如時師之說。又何用仔細耶。天心既辨。則穴中正氣已定而撓其權者。在向中所放之水也。從外生入。從內生出。此言穴中所向之氣也。我居于衰敗而受外來生旺之氣。所謂從外生入也。我居於生旺而受外來衰敗之氣。似乎我反生之。故云從內生出也。此言穴中所向之氣。穴中能有生入之氣矣。而水又在衰敗之方。則水來尅我。適所以生我也。內外之氣。一生一尅。皆成生旺。兩美相合。諸福畢臻。所以高官富貴。有異于常也。此其中。正有對不同者存焉。舊注所云。小玄空水生向尅向爲進神向生水尅水爲退神。非是青囊豈有兩玄空五行耶。

直解 二十四山。何山當順推五行。何山當逆挨九星。知此即知得生死榮枯矣。何山順何山逆。有。一定之氣。無一定之位。須參與時。借行與時。借。極自有一陰一陽。隨時而在者也。曉得在在之。陰陽空中分陰陽。定五行之訣可得矣。如生出生入。尅出尅入。乃言穴中所向言氣也。穴中所向之氣。衰旺有運。死生隨時。不可以一例求之者也。

溫氏續解 二十四山之五行。非羅經之呆方位也要從天心正運。玄空推排而出之二十四山五行也。知此榮枯生死自明矣。玄空即由中五推排。翻天干倒於地支之上。變成活局。豈非對不同哉。其中秘密悉在玄空。不在呆方位可知矣。苟能辨明天心活用之機。認龍立穴何難哉。向中放水。前已註明。今再重言。可見鄭重在向中排出之星辰。流行二十四位。何位得水爲吉爲凶。皆以向首爲主。生克出入。無非穴中所向之氣。旺與衰也。穴即中五立極爲內。八方之氣爲外。坐山所排之氣。亦爲內。向首所排之氣亦爲外也。穴內之氣雖旺。而受外來衰敗之氣相乘。豈非旺氣從內生出。故云似乎我反生之矣。水又在衰敗之方。則水既來克我。何以又云適所以生我也。而水固在衰敗之方。玄空流行之星。仍要用旺。所以云。水來克我。適所以生我也。此說初學甚難明白。而章解中。有山用順。水用逆。星仍用順。可曉暢矣。

脉息生旺要知因。龍歇脉寒災禍侵。縱有他山來救助。空勞祿馬護龍行。

姜氏曰、此下二節。總一篇之意。言先尋龍脉、以定穴之有無。次論九星、以辨氣之吉凶也。此一節先言形體而以來龍之脉息爲重。外砂之護夾爲輕。

直解 生旺。是氣運之生旺。知氣運之生旺。方可立向消納剪裁趨避倘不知此氣則趨非所趨避非所避空用祿馬貴人有何益哉○山龍眞結到落脈入首處必有似有似無呼吸浮沉之動氣此謂之脈息猶人身之六脈一般身之六脉主宰血氣流行三焦灌漑全體脉非他物卽神之別名也華元化云脉者氣血之先也先也者主宰乎氣血之神也由此觀之脉之生旺豈可忽乎

溫氏續解

此節雖論山龍之形體而其實仍

着緊氣運。形體之龍穴砂水。固要合格。而氣運消長之機。吉凶皆由此而可趨避。總之體用不可偏廢也。

勸君再把星辰辨。吉凶禍福如神見。識得此篇眞妙微。又見郭璞再出現。

姜氏曰。此一節。乃言卦氣、而以九星大五行爲主。言如上節所云。雖得來龍脈息之眞穴。而吉凶禍福。尚未能取必。勸君再將挨星訣法。細審衰旺生死。而後可趨吉而避凶。轉禍而爲福。一篇之旨。不過如此。苟能識其微妙前賢與後賢。一般見識。一般作用。青囊三卷。更無餘義矣。

總論楊公此篇。其言玄空大卦。挨星五行。即青囊經上卷。陽生于陰之義。而下卷理寓于氣之妙用也。其言倒杖太極暈。五星脉息。即青囊經中卷形止氣蓄之義。而下卷氣囿于形之妙用也。一形一氣。括盡青囊之旨。而究其玄機正訣。如環無端。不可捉摸。謂之曰奧語。宜哉。

直解 龍穴砂水。分合向背。諸般皆有形跡可見。

是眞是假。人所易曉。惟大玄空五行之法。世所不知。即古今以來。知者不過數人而已。再者楊公教得訣者而言也。謂既得眞訣。又得吉地。再將大五行之情性剛柔、往來進退、盈虛消長。細細審辨而後趨避。如是。則體與用無所不當矣。細按再辨兩字。明明教得訣者而言也。謂既得眞訣。再將星辰考究明徹、星有吉凶消長。有陰陽往來。有氣色情性。有五行稟性。有三吉五吉。有統令專令。於五常有君臣父子夫婦昆弟。於時有秋冬春夏。於物有方圓直銳。於五行有水火木金。諸星各有所司。諸物各有所稟。苟能細細考究明徹。前賢後賢。一般見識。一般作用。誠哉得訣者所當辨也。

溫氏續解　星辰須要辨明何吉何凶。形體之分合向背。亦要看準。將此玄空九星大五行。挨到處處合時合吉。所以再要把星辰辨者。教學者仔細切勿忽略。致有毫釐千里之失也。郭璞晉人。爲挨星玄空大五行之祖也。

地理合璧卷二終

周同纘子緒
王銓濟巨川校字
沈爾晟景陽